하나를 위한 정의
모두를 위한 정의

하나를 위한 정의
모두를 위한 정의

오채환 지음

㈜자음과모음

책머리에

실천하지 않으면 정의가 아니다

    우리는 공부를 포함해 여러 분야에서 뛰어난 능력을 지닌 사람을 '박사'라고 부릅니다. 여행 박사, 노래 박사, 음식 박사, 게임 박사, 춤 박사, 심지어는 연애 박사까지…… 진리를 탐구하는 것은 아니지만 해당 분야에서 뛰어난 기량을 얻기까지 많은 경험과 지식을 쌓았음을 의미합니다. 그런데 남달리 정의롭다고 여겨지는 사람에게는 '박사' 대신 흔히 '용사'라는 용어를 사용합니다. 이 어법에는 정의에 관한 두 가지 믿음이 들어 있어요.

    그 하나는 박사라는 호칭을 쓰지 않는 이유를 반영하는 것으로, 정의의 문제는 진리를 다루는 경우처럼 심각한 사색과 신중한 판단의 대상이 아니라는 믿음입니다. 다른 하나는 대신 쓰는 호칭이 용사인 이유를 반영하는 것으로, 정의의 문제는 '실천의 문제'이기 때문에 어느 정도 용기가 필요하다는 믿음입니다. 그래서 필자는 이 조그만 이야기책을 통해 그런 믿음이 극히 부분적으로만 옳다는 사실을 강조하고자 합니다.

정의의 문제가 '실천의 문제'를 포함하는 것은 분명 맞아요. 그리고 이것이 바로 진리의 문제를 다루는 다른 주제들과 정의의 다른 점입니다. 하지만 이 차이를 강조함으로써 정의란 사색과 판단을 거칠 필요가 없는 '실천'만의 문제로 오해해 온 것이 사실입니다. 이를 바로잡기 위해서는 '정의란 실천까지 다루는 문제'라고 토씨 하나만 바꾸면 됩니다. 그런데 토씨 하나 차이로 바뀐 뜻은 실로 엄청나서, 정의의 문제는 다른 어떤 진리의 문제 못지않게 심각한 사색과 신중한 판단을 거쳐야 함은 물론이고, 그 실천적 방법까지도 고려해야 한다는 뜻이 됩니다!

물론 이 조그만 이야기책을 통해 정의의 문제와 관련된 엄청난 학습 요구를 감당한다는 것은 불가능합니다. 그래도 정의의 문제가 평소 생각보다는 훨씬 더 진지한 학습이 필요하다는 확인은 가능하리라고 봅니다. 그래서 이 책을 읽은 학생들이 '약자를 괴롭히는 녀석을 용기를 내서 혼내 주는 것'이나 '나의 즐거움을 조금 접더라도 불우 이웃 돕기에 앞장서는 것'이 곧 정의라는 단편적인 믿음에서 벗어나기를 바랍니다. 여기에 보다 마땅하고 균형 잡힌 자신의 정의관을 세워 보려는 결심까지 하게 된다면 더없이 좋겠어요.

오채환

차례

책머리에 실천하지 않으면 정의가 아니다 5

프롤로그 기름때 묻은 아빠의 운동화를 매일 봅니다 17

 학교에도 신분 제도가?

새로운 반, 새로운 친구들 … 23

학급 안의 계급 … 33

임원이라고 당번 활동을 안 해? … 41

철학자의 생각 49

즐거운 독서 퀴즈 54

2 결과만 좋으면 그만일까?

옳음도 다 같은 옳음이 아냐! … 59

환경 미화 비용이 일인당 5천 원? … 73

반장을 자르자! … 79

졸지에 맡은 반장 … 86

철학자의 생각 100

즐거운 독서 퀴즈 103

자유냐, 평등이냐? 이것이 문제로다

왕빛나 vs 정나눔 … 109

문제는 선택이다 … 116

진정한 정의로움이란 무엇일까? … 125

철학자의 생각 129

즐거운 독서 퀴즈 133

4 공정한 분배를 위한 정의로운 방법

공리가 반장일 수밖에 없는 이유 … 139
최선을 다한 우리 반, 아자! … 146
무지의 베일을 통한 케이크 원리 … 153
현진아, 오빠 정의롭지? … 167

철학자의 생각   170
즐거운 독서 퀴즈   176

네 생각은 어때? 문제 풀이   179

등장인물

최우진

매일 아침 아빠의 기름때 묻은 운동화를 보며 아빠의 소중함을 느끼는 착한 소년이다. 성실하고 바르게 사는 아빠를 닮아 사회 정의에 관심이 많다. 새 학년 임원 선거에서 부반장을 맡아 학급을 이끌어 가게 된 우진이. 학교에서 주최하는 환경 미화 심사에서 일등을 하기 위해 아이들과 함께 교실을 예쁘게 가꾸는데……. 반장이 불공평하고 독선적인 행동으로 아이들과 갈등을 겪게 되면서 졸지에 반장 역할을 떠맡는다. 역시 정의로운 우진이는 아이들과 공정한 룰을 만들고 협력하여 환경 미화를 순조롭게 마무리한다. 수고한 아이들에게 선생님이 사 준 케이크를 나눌 때도 우진이의 정의로움이 발휘되는데, 정의의 사도 우진이는 케이크를 어떻게 배분할까?

김공리

똑똑하고 야무진 말솜씨와 추진력으로 5학년 4반을 이끌어 가는 반장 공리. 반장을 놓친 적이 없을 만큼 리더십이 뛰어나고 목적이 있으면 반드시 이루는 열혈 소녀다. 환경 미화 일등이라는 목적 달성을 위해 열성적으로 앞장서지만 의욕이 너무 앞서 아이들의 원성을 산다. 아이들이 그리고 만들어 온 그림과 소품이 마음에 들지 않는다며 다른 반 아이들의 것을 전시하자고 하질 않나, 환경 미화 비용을 걷고도 또 재료를 사 오라고 하질 않나, 게다가 자신이 맡은 일을 남에게 미루기까지 하는데……. 아이들의 비난을 받고 반장에서 잘린 공리. 공리 없이 환경 미화를 잘해 낼 수 있을까?

왕빛나

공리와 단짝인 빛나는 학급에서 환경 미화 심사를 이끄는 미화부장. 미적 감각이 풍부하고 손재주가 좋아서 환경 미화에 적격인 친구다. 하지만 공리와 딱 붙어서 공리의 불공평한 행동을 두둔한다. 또한 착한 나눔이에게 주번 활동을 미루면서도 자신의 자유라고 우겨서 비난을 받는다. 하지만 아랑곳하지 않고 환경 미화에 열을 올리는데……. 결국 빛나의 활약 덕분에 우여곡절을 겪으면서도 환경 미화는 성공적으로 마무리된다.

나눔이

나눔이라는 이름처럼 봉사 정신이 뛰어난 소년. 우진이의 성실함을 빨리 알아보고 임원 선거에서 우진이를 반장으로 추천한다. 환경 미화 심사에서 임원들을 적극 돕는 나눔이. 자신이 할 일을 미루는 빛나와 크게 다투기도 하지만 우진이 곁에서 학급 일에 솔선수범한다. 환경 미화를 끝까지 마칠 수 있었던 것도 묵묵히 일해 준 나눔이의 공이 크다.

공정한 사회를 만드는 원칙
존 롤스

공리주의의 약점을 보완한 새로운 정의론을 내놓은 미국의 철학자. 저서 『정의론』에서 공정한 사회를 만드는 체계적이고 규범적인 정의론을 제시해 실천적 사회 정의를 이끌었다.

존 롤스는 사회의 기본적 가치, 즉 자유와 기회, 소득과 부는 평등하게 분배되어야 하며, 이들의 불평등한 분배는 사회의 최소 수혜자에게 유리한 경우에만 정당하다고 말했다. 이를 정의의 제1원칙과 제2원칙으로 정리했는데, 제1원칙은 '모든 사람에게 기본적인 자유를 완벽하게 누릴 수 있도록 해야 한다.'이다. 제2원칙은 '가장 빈곤한 사람들의 복지를 우선적으로 배려해야 한다.'이다. 롤스는 특정한 정책의 선택이 자신에게 유리할지 불리할지를 모르는 '무지의 베일'에 가려져 있는 상태, 즉 '원초적 입장'에서 합의되는 법칙이 곧 사회 정의의 원칙이 되어야 한다고 주장했다. 또한 이 두 가지 원칙을 지킬 때 비로소 공정한 사회가 확립된다고 말했다.

프롤로그

기름때 묻은 아빠의 운동화를 매일 봅니다

"우진아! 이 녀석, 빨리 일어나야지. 첫날부터 지각할래?"
"으응…… 엄마, 나 좀 잡아 줘요. 못 일어나겠어요."
"얘가 웬 응석이람. 어서 일어나서 준비해. 늦겠다."

오늘따라 아침 일찍 일어나기가 힘드네요. 어제 꿈속에서 동생 현진이랑 너무 신나게 놀아서일까요? 꿈속에서 동생과 학교 얘기도 하고 심하게 놀아서 그런지 자고 일어났는데도 왠지 피곤해요.

내 동생 현진이는 초등학교 입학을 며칠 앞두고 교통사고로 하늘나라에 갔어요. 엄마랑 아빠는 현진이가 너무 착하고 예뻐서 하느님이 데리고 가신 거래요. 그리고 하늘나라에서 하느님과 함께 오빠인 나를 지켜보고 있으니 항상 착하고 씩씩하며 정의로운 행동을 해야 한대요. 그래서 난 아이스크림을 다 먹고 남은 막대기도 길가에 버리지 않고 가방 속에 넣는답니다. 현진이에게 부끄러운 오빠가 되고 싶지 않거든요.

"아빠, 안녕히 주무셨어요?"

씻지도 않은 부스스한 얼굴로 방을 나왔어요. 아빠는 벌써 일하러 나가시기 위해 신발을 신고 계셨어요.

"아이고, 우진이 지금 일어났어? 어서 씻고 밥 먹고 학교 가야지."

다른 아빠는 멋있는 양복과 구두, 서류 가방을 들고 출근하시지만 우리 아빠는 그렇지 않아요. 내 운동화보다 낡은 신발과 기름때가 깨끗이 지워지지 않은 점퍼를 입고 출근하시지요. 아빠도 양복을 입으면 잘 어울리실 텐데요. 아빠는 공장에서 기계를 다루는 일을 하니까 그런 옷이 필요 없다고 하셨어요. 그래도 나는 그런 아빠의 모습이 제일 좋아요.

"아빠, 안녕히 다녀오세요. 오늘도 힘내세요! 아자!"

"요 녀석. 아빠 놀라시겠다. 다녀오세요."

"그래, 우진이도 선생님과 친구들한테 잘하고, 이제 5학년이니까 공부도 열심히 하자."

 아빠는 내 머리를 쓰다듬으며 말씀하셨지요. 아빠의 따뜻한 체온이 느껴졌어요.

 '아, 좋다······.'

 "최우진! 빨리 씻고 밥 먹어!"

 엄마의 목소리가 훨씬 커졌어요. 이러다가 정말 지각하겠네요.

가장 부유한 시민은 가장 가난한 시민이 가진 재산,
즉 가옥과 노예를 포함한 토지 할당량의
4배 이상을 소유해서는 안 된다.

- 플라톤, 『법률론』

새 학기 첫날, 대청소 후에 반장 선거가 진행됐어요.
작년에 반장이었던 나와 공리는 반장 후보로 나섰고,
두 표 차이로 공리가 반장, 나는 부반장이 되었어요.
이튿날, 반장이 된 공리는 임원들은 할 일이 많으니
급식 당번을 하지 말자고 했고
아이들의 반대에 부딪혔어요.
처음부터 만만치 않은 갈등을 겪게 된 우리,
과연 어떻게 해야 할까요?

새로운 반, 새로운 친구들

　나는 등교하자마자 빈자리를 찾아 앉았어요. 주위를 둘러보니 얼굴을 조금 아는 아이들이 있었지만 친한 아이는 없었어요.
　어떤 친구가 나와 같은 반이 될지 미리 알아볼 걸 그랬다는 생각이 들었어요. 입학식이 끝나고 시간이 많이 흘렀지만 선생님은 오시지 않았어요. 보통 아이보다 덩치가 커 보이는 남자애가 제 옆에 앉았어요. 안경을 써서 좀 똑똑해 보였어요. 남자애는 내 옆 자리에 앉으면서도 자기소개를 안 했어요. 키가 크고 덩치도 있어서 운동을 좋아할 것 같은 친구네요.

친구들을 만나면 나는 먼저 말을 잘 거는 편이에요. 그래서 말을 걸어 보기로 했지요.

매번 말 걸기가 그리 쉽지는 않아요. 특히 오늘처럼 덩치 크고 날카로운 눈을 가진 친구에게는 말을 걸기가 좀 꺼려지죠.

"나는 최우진이라고 해. 넌 이름이 뭐야?"

나는 짧게 내 이름을 소개하고 그 친구의 얼굴을 쳐다보았어요. 그리고 친구가 가방에서 필기구와 책을 꺼내는 것을 조용히 기다렸죠. 내가 이름을 말하자 친구는 나를 한 번 쳐다보더니 갑자기 가방을 내려놓으며 나를 향해 얼굴을 내밀었어요. 그러면서 조금 떨리는 목소리로 반갑다는 듯이 말을 시작했지요.

"너 혹시 작년 4반 반장이었던 우진이냐?"

'얘가 나를 어떻게 알지?'

내가 모르는 애가 아는 척을 하니까 어리둥절했어요.

"네가 나를 어떻게 알아?"

친구는 내가 반가웠는지 손을 내밀어 악수를 청했어요.

"4반의 스파이더 피그가 네 이야기를 많이 하던걸. 반갑다. 나는 정나눔이야."

처음엔 관심도 안 보이던 애가 갑자기 날 반겨 주니까 좀 어리둥절했어요.

스파이더 피그는 윤성이의 별명이에요. 왜 그런 별명이 붙었는지 모르지만, 애들은 새까만 피부에 몸무게가 60킬로그램이 넘는 윤성이를 보는 돼지 혹은 스파이더 피그라고 놀렸어요. 애들이 그렇게 놀릴 때마다 나는 윤성이의 입장이 되어 헤아려 보라고 말하곤 했지요. 여러 친구가 한 친구의 약점을 잡아 놀리는 것은 정의롭지 못한 행동이라고 생각했기 때문이에요.

하늘나라에서 현진이가 나를 지켜보고 있을 거라는 생각 때문일까요? 나는 '정의'라는 것을 중요하게 생각했어요. 그래서 그런 행동을 할 수 있었던 거지요. 그래서 나는 윤성이랑 작년 1년 동안 내내 단짝으로 지냈어요.

"아, 윤성이? 남윤성!"

나는 윤성이가 나에 대한 이야기를 다른 친구에게 했다는 사실을 이때 처음 알았어요. 윤성이가 정나눔이라고 하는 아이와 꽤 친했구나 싶었어요. 윤성이가 왜 나한테 나눔이를 소개해 주지 않았을까?

"윤성이가 너 무척 좋아하더라. 착하다고."

나눔이는 친한 친구인 것처럼 내 어깨를 슬쩍 치면서 말했어요.

착하다는 말에 기분이 좋았지만 나눔이가 나를 잘난 척하는 아이로 볼까 봐 그냥 살짝 웃어 보였어요. 다른 사람에게서 칭찬을 들으면 기분이 좋아지잖아요.

9시 30분.

이제 아이들도 거의 다 온 것 같았어요. 빈자리도 몇 군데밖에 없고 일어나서 돌아다니는 아이도 있으니 아마 반 아이들 대부분이 왔을 거예요. 어떻게 그걸 아냐고요? 잘 들어 보세요.

"이야! 너도 나랑 한 반이네?"

"뭐야, 난 진작부터 알고 있었는데. 히히."

"어제 방탄소년단 나온 거 봤어? 진짜 멋있어! 어떡해!"

"난 벌써 앨범도 샀는걸. 노래도 너무 좋아."

아이들이 다 모였음을 짐작하게 하는 건 아이들의 웅성거리는 소리예요. 이 정도의 소리가 한 반에서 울리는 웅성거림이라는 것은 5학년쯤 되면 알 수 있죠.

한동안 소란스러웠던 소리가 점차 잦아들면서 교실 앞문이 열렸어요. 키가 작고 마른 체구의 여자 선생님이 들어오셨어요.

"자, 모두 자리에 앉으세요."

선생님이 한마디 하시자 아이들은 아무 자리에나 앉았어요. 아이들은 대부분 전부터 알고 지내던 친구 옆에 앉았기에 여전히 어수선했지요.

"여러분 반가워요. 저는 앞으로 여러분과 함께 5학년 4반을 이끌어 갈 담임 김보라 선생님이에요. 우리 반 학생은 모두 다 온 것 같군요. 시간이 별로 없는데, 일단 대청소 먼저 하고 3교시부터는 서로에 대해 알아보는 시간을 갖도록 해요. 그리고 한 달 뒤에 환경 미화 심사가 있어요. 환경 미화 역할 분담도, 학급 정리도 하기 위해 반장과 임원을 뽑을 거니까 미리 생각해 두도록 하세요. 여러분, 알겠죠?"

"네에!"

이번 담임 선생님은 성격이 급하신 것 같아요. 보통 다른 선생님은 임시 반장을 뽑고 한 주나 그 이상의 시간을 두고 반장 선거를 하는데, 첫날부터 반장을 뽑겠다고 하시네요. 무슨 다른 계획이 있으신 걸까요?

"다들 반장이 뭘 하는 사람인지는 알지요? 지금부터 대청소를 하고, 3교시에 반장을 뽑기로 해요."

담임 선생님은 이렇게 말씀하시고 교무실로 가셨어요. 알아서 자율적으로 청소를 하라는 것이었어요. 그런데 아이들은 여러 명이 모여 수다를 떨고 있었어요. 청소를 열심히 하는 친구도, 먼저 나서서 청소하자고 권유하는 친구도 없었어요. 그저 몇 명은 대충 바닥을 쓸거나 몇 명은 닦는 둥 마는 둥 걸레질을 했어요. 또 몇 명은 유리창 청소를 했어요.

두리번거리던 나는 나눔이와 쓰레기를 버리기로 했어요.

"야, 너 이번에도 반장 해라."

나눔이가 쓰레기통을 자기 쪽으로 잡아당기면서 말을 건넸어요. 반장 자리에 욕심이 나지는 않지만 그래도 계속 반장을 해 왔기 때문에 나는 나눔이의 저런 반응이 익숙하긴 해요. 작년에도 반장을 했기 때문에 내심 반장이 되지 않을까 하는 기대감도 있었고요.

"음, 되면 하고, 아니면 말고."

반장을 하라는 나눔이의 말이 속으로는 고마웠지만 괜히 잘난 척하는 것처럼 보일까 봐 대수롭지 않다는 듯 말했어요. 아이들은 선생님의 지시대로 자유롭게 교실 청소를 했어요. 쓰레기를 버리고 돌아오니 그런 대로 청소가 끝나 가고 있었어요.

그런데 교실과 복도 사이에 눈길이 가는 여자아이들이 있었어요. 얼마 전 고급스러운 옷 가게에 있던 마네킹이 걸친 옷을 그 아이들이 입고 있었거든요.

엄마는 며칠 전 5학년이 된 기념으로 새 운동화를 사 주셨어요. 신발 가게 옆에는 어른 옷과 아이 옷을 함께 파는 가게가 있었어요. 그곳은 들어가기가 부담스러울 정도로 인테리어가 예뻐서 엄마와 나는 밖에서 서성거리기만 했어요.

"저 마네킹이 입고 있는 옷 정말 귀엽네."

"그러게, 현진이가 조금 더 컸으면 저 옷이 참 잘 어울렸을 것 같구나."

그때 알았어요. 엄마가 겉으로는 아무렇지도 않은 척하시지만 가슴속 깊이 현진이를 묻어 놓고 계셨다는 것을요.

다들 그렇게 예쁘고 반짝반짝 빛나는 옷을 입고 있었어요. 게다가 얼굴도 예쁘고, 머리핀도 멋진 것을 하고요.

"야, 공리야. 이번에도 네가 반장하면 되겠다."

머리를 한 갈래로 길게 묶은 여자아이가 빨간색 스웨터를 입고 있는 예쁘게 생긴 여자아이에게 말했어요.

아, 그런데 반장이라니! 이게 무슨 말일까?

'공리? 어디서 많이 들어 본 이름인데…… 얼굴도 낯이

익고. 저 여자아이는 누구지?'

반장이라는 말을 듣자 그 여자아이가 궁금해지기 시작했어요. 그 아이는 반장하면 되겠다는 친구 말에 전혀 대꾸도 하지 않았어요. 얼굴에 '당연하지' 하는 자신만만한 표정을 하고는요.

'빨간 스웨터를 입은 저 여자아이도 반장이 되고 싶은가 보구나!'

여자아이는 무척 예쁘게 생겨서 분명 아이들에게 인기가 많을 거예요.

"빛나야. 쉿! 선생님 오신다."

공리와 빛나? 둘 다 이름이 특이하네요. 공리라는 저 아이는 왠지 카리스마가 있어 보였고요.

'아, 공리!'

그때 갑자기 스파이더 피그가 생각났어요. 윤성이가 7반에 좋아하는 여자아이가 있다고 했고, 그 아이가 공리라는 사실도 생각났어요. 이름이 특이해서 윤성이에게 보여 달라고 몇 번을 졸랐지만 윤성이는 5학년이 될 때까지 끝내 누군지 알려 주지 않았지요.

좋아하는 여자아이를 보여 주지 않는 것은 윤성이 나름

의 규칙이라고 했어요. 친구에게 보여 주면 반드시 친구가 그 여자아이와 사귄다는 재미있는 논리였죠. 하하하!

　나는 그런 윤성이의 규칙을 존중하기로 했어요. 그래서 공리라는 아이를 볼 수가 없었지요. 그런데 오늘 이렇게 만나게 되다니. 참 신기한 일이네요.

학급 안의 계급

3교시 종이 울리고 몇 분이 지나서 선생님이 교실로 들어오셨어요.

"다들 조용히 하세요. 와! 교실이 깨끗하네요. 청소 안 하고 놀러 다닌 친구는 없겠죠?"

"네!"

"그럼 우리 1분단 앞줄부터 자기소개를 하기로 해요. 서로 아는 사이도 있겠지만 처음 보거나 모르는 친구들도 많을 거예요. 자, 소개를 시작해 볼까요?"

선생님의 말씀이 끝나고 왼쪽 분단 아이들부터 일어나 차례대로 자기소개를 했어요. 보통은 자기 이름을 말하고 반갑다거나 잘 부탁한다는 평범한 인사를 했어요. 그런데 왼쪽 끝에 앉아 있는, 머리를 하나로 길게 묶은 빛나에게 차례가 돌아갔을 때부터 그런 평범한 소개가 달라지기 시작했어요.

"나는 왕빛나라고 해. 작년에 7반 미화부장이었고, 내 자랑은 아니지만 우리 반이 환경 미화에서 일등을 했었어. 잘 부탁한다."

아이들은 색다른 왕빛나의 자기소개를 듣고는 많은 박수를 쳤어요.

자세히 둘러보니, 한쪽에서는 박수를 세게 치면서 환호까지 해 주었지만, 다른 쪽에서는 웅성웅성하며 별로 좋지 않은 반응을 보였어요.

왕빛나가 자기소개를 마치자 옆에 앉아 있던 빨간 스웨터를 입은 공리가 일어섰어요. 그리고 자기소개를 시작했지요. 공리가 일어나자 남자아이, 여자아이 할 것 없이, 게다가 담임 선생님까지 유달리 집중했어요.

"만나서 반가워요. 저는 김공리라고 합니다. 작년에 빛나하고 같은 7반이었고, 저는 반장이었어요. 이따 반장 선거를 할 텐데, 저를 많이 뽑아 주셨으면 좋겠어요. 1년 동안 잘 부탁합니다."

와! 다른 아이들보다 몇 배는 더 길게 그리고 또박또박 말도 참 잘했어요. 공리의 소개는 아나운서가 말하는 듯한 착각이 들 정도였으니까요.

아이들 환호도 대단했어요. 나도 덩달아 박수를 힘껏 쳤지만 괜히 기가 죽어 버렸어요. 아까 나눔이랑 반장 이야기를 했을 때까지만 해도 자신이 있었는데 말이에요.

드디어 우리 분단 아이들의 소개가 시작되었어요. 나눔이 차례가 되었는데, 나눔이는 자기 이름만 말하고 앉았어요.

아까 나에게 친하게 대하면서 말을 할 때와는 또 다른 느낌이었어요. 처음엔 성격이 밝고 말도 잘하는 아이인 줄 알았는데, 다시 보니 과묵하고 조용조용한 성격인 것 같기도 했어요.

내 소개를 할 차례가 되었어요.

"안녕하십니까? 저는 최우진이라고 합니다. 여러분과 같은 반이 되어서 정말 기쁩니다. 4학년 때 반장을 해서 그런지 낯익은 친구들이 많네요. 잘 부탁드립니다."

나도 자기소개를 꽤 잘한 것 같았어요. 좀 전까지 기가 죽어 있었는데 자기소개를 하고 보니 자신감이 생겼어요.

나는 다른 아이들 앞에 나설 때 잘 떨지 않는 편이에요.

가끔 여자아이들 중에는 '음매' 하는 염소 소리를 내면서 목소리를 떠는 아이가 있는데, 나는 아이들 앞에 서면 목소리가 더 커지고 자신감이 넘친답니다. 작년에 반장을 해서 그런지도 모르겠어요.

나눔이도 나의 소개를 듣고 힘껏 박수를 쳐 주었고, 아이들 반응도 꽤 괜찮아 보였어요. 그런데 반대편에 앉아 있던 왕빛나와 김공리는 나의 소개가 마음에 들지 않는 것 같았어요.

내 뒤로 친구 몇 명이 자기소개를 한 후 우리 반의 자기소개 시간은 끝났어요.

선생님은 교실을 둘러보면서 아이들에게 조용히 하라고 말씀하셨어요. 칠판에 '반장 선거 후보'라고 크게 적으셨지요.

"자, 지금부터 반장을 비롯한 학급 임원을 뽑을 거예요. 하기 싫은 걸 억지로 맡기면 안 되니까 먼저 하고 싶은 친구가 있으면 손 들어요. 그리고 임원 자격이 있어 보이는 친구를 추천해 주세요."

"김공리를 추천합니다! 공리는 학교 다니는 동안 한 번도 반장을 놓쳐 본 적이 없어요. 공부도 잘하고, 학생들에게

모범을 보이는 좋은 반장이 될 수 있을 거라고 생각합니다."

빛나가 손을 번쩍 들어 크게 말했어요. 칠판에는 처음으로 김공리의 이름이 적혔어요. 아, 저 칠판에 자기 이름이 적힌다면 정말 기분이 좋을 것 같아요.

나눔이가 자리에서 일어나서 말했어요.

"저는 최우진을 추천합니다. 우진이는 평소 친구들을 잘 도와주고 항상 다른 사람들에게 모범이 되는 행동을 했어요. 반장으로서 공부를 잘하는 것도 중요하지만 한 반을 이끌어 가는 카리스마와 마음가짐이 훨씬 중요하다고 생각합니다. 그래서 저는 최우진을 추천합니다."

나는 나눔이의 말에 크게 감동했어요. 나를 정말 좋은 아이로 생각해 주는 것 같았거든요. 나눔이의 추천으로 내 이름도 칠판에 적혔어요.

이렇게 해서 공리와 빛나, 나를 포함해 여섯 명이 반장 후보에 올랐어요. 여섯 명은 차례대로 교실 앞에 나와 학급을 이끌 자신의 포부를 간단히 발표했어요. 공리가 제일 먼저 말했어요.

"우선 저를 반장으로 추천해 주셔서 감사합니다. 저는 반장을 하면서 항상 학급을 위해 노력했어요. 간식이 먹고 싶으면 제가 얼마든지 살게요. 영화가 보고 싶으면 단체 관람도 할 수 있게 만들겠어요. 이런 것은 제가 투자할 테니 여러분은 즐거운 학교생활을 위해 저에게 투자하시면 됩니다."

간식을 사 주고 영화를 보여 준다는 공리의 말에 아이들은 신바람이 났는지 너무나 좋아했어요. 앗, 내가 발표할 차례가 왔어요. 교탁 앞에 서니까 갑자기 떨리네요.

"안녕하십니까. 최우진입니다. 저는 4학년 때 반장을 했어요. 반장 역할이 생각했던 것보다 쉽진 않았어요. 제가 다른 반장들처럼 공부를 잘했던 것도 아니었죠. 하지만 반을 위해 솔선수범해야 한다고 생각했고, 친구들이 사이좋게 지낼 수 있도록 많이 노력했어요. 4학년이 끝날 때쯤 되니까 더 열심히 할걸, 하는 후회도 했지요. 하지만 이번에는 후회하지 않게 반장 역할을 한번 해 보고 싶어요. 저의 이 실내화 바닥이 닳을 때까지 열심히 뛰어 보겠습니다."

말하다 보니 처음의 떨림은 사라지고 점점 편안해졌어요.

아이들은 나누어 준 표에 자신이 원하는 반장 이름을 적어 냈어요. 그리고 개표 시간.

두둥, 개봉 박두!

김공리는 11표, 나는 9표를 얻었어요. 득표수대로 김공리가 반장이 되고 나는 부반장이 되었어요. 다른 후보들은 각각 학습부장, 체육부장을 맡았어요. 그리고 빛나는 자기가 하고 싶다던 미화부장을 자진해서 맡았어요.

임원이 아닌 친구들은 학습부, 체육부, 미화부 중 가입하고 싶은 부에 이름을 적기로 했어요. 내 짝인 나눔이는 체육부원이 되었어요. 나눔이가 체육을 좋아하는가 싶었는데, 사실은 제일 할 일이 없는 부가 체육부라는 게 나눔이의 가입 이유였답니다.

이렇게 우리 반은 반장, 부반장, 임원들(학습부장, 체육부장, 미화부장), 부원들로 구성되었어요. 마치 신분 제도가 있는 옛날로 돌아간 것 같아요. 친구들이 어떤 기준으로 나뉜다는 것이 내심 마음에 들지는 않았지만, 매 학기마다 벌어지는 일이라 그냥 익숙하게 받아들였지요.

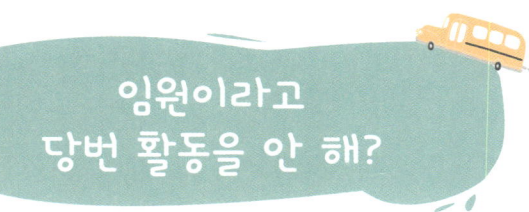

임원이라고 당번 활동을 안 해?

 이튿날이 되었어요. 오늘부터 진정한 새 학기가 시작되었어요. 아이들 표정에서 설렘이 느껴지는 듯해요.
 "오늘부터 급식 당번은 번호 순서대로 세 명씩 일주일 동안 하기로 해요. 청소는 분단별로 한 달에 한 분단씩 하고요. 주번은 뒤 번호부터 두 명씩 일주일 동안 하기로 해요."
 담임 선생님은 청소할 구역과 해야 할 일들을 말씀해 주셨어요. 혹시 이유가 있어서 당번을 바꾸고 싶은 아이들은 반장에게 말하고 바꾸라고 하셨어요. 선생님은 청소를 시킬 때처럼 아이들이 자율적으로 정할 수 있도록 배려해 주셨어요.

아침부터 반장이 임원들을 불러 놓고 급식 당번 이야기를 했어요.
"우리들은 급식 당번을 하지 않기로 하자."
'아니, 이게 무슨 소리람?'
"우리는 학급 일을 해야 하니까 밥을 빨리 먹는 게 좋지 않겠니? 그래야 일할 시간도 많고 말이야. 줄 서서 기다리는 건 시간 낭비야."
나는 공리의 말이 잘 이해가 되지 않았어요. 솔직히 당번을 하지 말자는 말이 싫지는 않았죠.
"아이들에게 밥을 다 나누어 주고 언제 우리 일을 하겠어. 그치?"
공리는 부반장인 나와 미래, 강인, 빛나 등 각 부장들 반응을 천천히 살피면서 조곤조곤 말했어요. 역시 왕빛나는 공리의 말이 옳다고 했어요. 임원들은 학급 일이 있으니 점심을 빨리 먹는 게 편하다는 의견이었죠. 당연히 자기들은 급식 당번을 할 시간이 없다는 식이었어요. 미래와 강인이도 찬성했어요.
사실 급식 당번이 제일로 하기 싫은 일 중 하나기는 해요. 밥차가 오면 밥을 퍼서 아이들에게 나누어 주고, 마지막에 남은 음식을 당번들이 나누어 먹어요. 맛있는 것을 못 먹을 때가 많고, 밥도 늦게 먹기 때문에 점심시간에 아무 일도 할 수가 없지요. 게다가 음식물 쓰레기를 모아 밥차 앞까지 갖다 놓아야 하는데, 그 일이 제일 고역이에요. 하지만 나는 왠지 찜찜했어요. 반장의 말이 다 틀린 건 아니지만 임원이 아닌 다른 아이들은 싫어할 것 같아서요.

반장이 아이들 앞에서 급식 당번 이야기를 했어요. 대부분 아이들이 싫은 표정을 지었고, 몇 명은 강하게 반대했어요.

"반장, 그런 게 어딨어? 임원이면 다야?"

"맞아! 은근히 기분 나쁘다. 점심시간 때 니들 할 일이 그렇게 많니?"

아이들의 볼멘소리에 공리가 조금 당황한 표정을 지었어요. 아이들이 이렇게 나올 거라고는 생각 못 했기 때문이겠죠.

"임원은 특별 대우 받는 거냐? 선생님이 정해 준 대로 해야지, 왜 반장 맘대로 규칙을 바꿔?"

"맞아. 선생님은 당번 순서를 바꿔도 된다고 했지, 하지 말라고 하신 적은 없어."

아이들 말에 일리가 있어 보였어요. 여기저기서 웅성거

리는 와중에 공리는 다시 말하기 시작했어요.

"얘들아, 일단 진정하고 우리 말 좀 들어 봐. 너희는 직접 나를 반장으로 뽑아 주지 않았니? 그럼 나를 믿고 따라 주길 바라. 우린 모두 각자에게 할 일이 주어져 있다고. 자기에게 주어진 일에 최선을 다할 때 진정 좋은 학급, 좋은 사회가 되는 거 아니겠어? 지금 내가 이렇게 너희에게 말하는 건 우리 각자 맡은 임무를 더 잘하기 위해서야. 그러니까 다들 내 말에 따라 줘."

"야, 그건 너무 특권 의식 아니냐? 지금이 무슨 조선 시대도 아니고. 네가 반장이면 반장이지, 무슨 왕이나 대통령은 아니잖아."

가만히 듣고만 있던 나눔이가 툭하고 한마디를 내뱉었어요. 그러자 빛나가 일어나서 말했어요.

"우리 학교는 전통적으로 환경 미화 심사에서 일등을 할 경우, 반 아이들에게 떡볶이 무료 교환권이랑 문화 상품권 등을 줘. 너희들, 그게 갖고 싶지 않구나. 임원들이 조금이라도 시간을 아껴서 써야지 모두에게 좋은 거 아니겠어?"

빛나가 발언하자 대부분의 아이들이 상품권에 솔깃해서는 공리 말대로 하자는 쪽으로 기울었어요. 그러나 몇 명은

아직도 뜻을 굽히지 않았지요. 임원들이 이유를 대고 급식 당번에서 빠지게 되면 다른 아이들까지 핑계를 대고 청소도, 주번도 하지 않게 될 것이라는 게 그들의 주장이었어요.

나는 아이들 사이에 싸움이 날까 봐 걱정되었어요. 그래서 나도 누군가의 편이 되어 반대 입장을 가진 아이들을 설득해 보자고 생각했어요.

"나는 임원이라도 급식 당번은 해야 된다고 생각해."

나는 임원들이 당번에서 빠지는 것을 반대하는 아이들의 편을 들어 주었어요. 물론 내가 가만히 있으면 공리의 뜻대로 귀찮은 급식 당번을 안 할 수도 있겠지요. 그렇지만 그것은 공평하지가 않은 것 같았어요.

"반장이나 부반장, 임원이라고 해서 그런 특혜를 받는 것은 옳지 않다고 봐. 그런 권리는 원래 있는 것이 아니잖아?"

이렇게 말하면서 나는 임원 아이들과 공리의 얼굴을 쳐다보았어요. 괜히 배신자가 된 것 같은 기분이 들었지요.

"아이들이 우리를 뽑은 것은 힘들어도 학급을 위해 해야 할 일들을 하라는 뜻이지, 그렇게 자기 편의대로 일하라는 뜻은 아니잖아."

일단 말을 시작하고 나니 또 무슨 거대한 임무를 띤 것처럼 느껴져서 또 말을 덧붙이게 되었어요.

"게다가 우리가 빠지면 다른 친구들에게 너무 자주 당번이 돌아가니까 좋지 않은 것 같아. 매일 환경 미화가 있는 것도 아니고 말이야."

조목조목 내 생각을 말했더니 공리나 다른 임원 아이들

네 생각은 어때?

'정의'를 실현하는 데 있어 벤담은 최대한 많은 사람들에게 가장 큰 행복을 주는 행위가 선이라는 '최대 다수의 최대 행복'을 주장했어요. 또한 개인의 이익보다 사회 전체의 이익을 중시하여 전체 행복의 총량이 극대화되는 선택을 해야 한다고 강조했어요. 존 롤스는 벤담의 공리주의는 도덕 원칙에만 머무는 직관주의일 뿐 그에 합당한 이유나 근거를 제시하지 못한다고 비판해요. 즉 공리의 총량을 높이기 위해 소수의 자유를 억압하는 문제를 풀 수 없다고 주장했어요. 그러면서 정의를 실현하는 원칙 두 가지를 제안했어요. 첫째, 평등한 자유를 최우선으로 해야 한다는 원칙이에요. 둘째, 최소 수혜자가 최대의 이익을 보게 하는 무지의 베일 원리를 적용한 기회 균등의 원칙이에요. 두 가지 입장을 비교하면서 자신의 생각을 적어 보세요.

▶풀이는 179쪽에

도 반대하지 못했어요. 아이들 한쪽에서는 내 의견이 옳다고 말해 주기도 했어요.

"옳소, 옳소!"

내가 임원들도 당번을 해야 하는 이유를 하나하나 대면서 공리와 임원들을 설득하니까 그 아이들도 어쩔 수 없이 내가 제안한 의견대로 하기로 했어요. 우리 반은 선생님이 정해 주신 규칙대로 아이들 모두가 자신의 의무를 다하면서 환경 미화도 하기로 결정했어요.

이것이 첫날 우리 반에서 정한 규칙이었어요.

정의란 '개인의 자유'일까, '전체의 평등'일까?

'정의'를 보는 서로 다른 관점들

여러분은 불의를 보면 참는 사람인가요? 아니면 불의를 참지 못하는 사람인가요? 설령, 불의를 보고 잠시 참는다 하더라도 사람들은 누구나 정의롭게 살기를 원합니다.

정의를 실현하는 기본적인 태도는 크게 두 가지가 있습니다. 하나는 멋진 목표(가장 좋은 어떤 것, 이를테면 경기에서 우승하는 것)를 세워 놓고 그것을 이루기 위해 최선을 다하는 태도입니다. 이 경우 목표를 정한 사람은 목표를 이루는 것이 정의로운 삶이라고 생각하기 때문에 나머지 문제들은 중요하게 생각하지 않습니다. 다른 하나는 어떤 목표를 이루기보다는 규칙과 의무 사항을 지키는 것(이를테면 페어플레이) 자체를 정의로운 삶으로 여기는 태도랍니다.

이 경우에는 목표를 달성하는 것만이 중요한 문제는 아니지요.

윤리학에서 보면 앞의 것을 '목적론'이라 하고, 뒤의 것을 '의무론'이라 합니다. 목적론자에게는 행복을 목표로 하여 많은 이익을 얻는 행동이 곧 옳은 행동입니다. 반면에 의무론자가 생각하는 옳은 행위란 이익과 무관한 어떤 기본 원칙을 먼저 따르는 것입니다.

한번 생각해 보세요. 우리들은 '거짓말은 옳지 않다.'고 생각하죠? 하지만 사람마다 기본적인 생각이 달라서 거짓말을 반대하는 이유도 서로 다릅니다. 목적론자라면 '거짓말을 하면 결국 자기만 손해라서 불행해진다.'라는 생각 때문에 '거짓말은 옳지 않다.'고 말하죠. 하지만 의무론자는 '거짓말은 누구나 가지고 있는 보편적 양심의 명령을 거스르는 것이다.'라는 생각 때문에 '거짓말은 해서는 절대 안 된다.'고 말해요.

목적론의 대표적인 학설은 제러미 벤담과 존 스튜어트 밀의 '공리주의'랍니다. 공리주의의 기본 신조는 '최대 다수의 최대 행복을 추구함으로써 많은 사람의 삶의 질을 극대화하는 것'이에요. 따라서 공리주의자들이 생각하는 도리란 최대한 많은 사람들에게 더욱 큰 행복을 가져다주는 행위를 이끄는 것이랍니다. 한편 의무론의 대표적인 학설은 이마누엘 칸트가 말한 '의무주의'예요. 칸트의 의무주의에서 목적이란 정언 명령에 따르는 행위 그 자체랍니다. 여기서 정언 명령이란 어떤 특정한 조건에 따라 달라지는 것이 아닌 무조건적인 도덕 명령이에요. 의무론의 문제점은 우리가 하는 행위의 목적이 정언 명령임을 어떻게 알 수 있느냐 하는 것입니다.

개인의 자유 vs 전체의 평등, 어떤 실천이 답일까?

윤리학은 '옳은 것이 무엇인가?'에서부터 인간의 도리를 구체적으로 실천하는 문제를 다룹니다. 따라서 윤리학은 목적이나 의무와는 별도로 행동하는 방법과 절차에 따라 의견이 나뉘죠. 여기에서 문제의 초점은 '무엇이 옳은가?'가 아니라 '어떻게 하는 것이 옳은가?'입니다. 이처럼 구체적 실천과 관련된 정의를 '방법론적 정의'라고 해요. 옳은 방법론적 규칙을 찾는다는 것은 공리주의의 기본 신조와 반대되는 의무론적 접근을 선택하는 일입니다. 다시 말해 구체적인 실천을 심각하게 고민하는 사람들은 실천하는 데 필요한 규칙이나 의무 사항을 찾는 사람들이기 때문에 기본적으로 의무론자입니다.

오늘날 정의를 실천하는 방법론적 규칙을 찾을 때 갖춰야 할 두 가지 기본 조건은 '개인의 자유'와 '전체의 평등'입니다. 대체로 개인의 자유로운 판단과 선택을 보장하다 보면 전체의 평등이 무너지고, 전체의 평등에 치중하다 보면 개인의 자유가 제한되는 경향이 있습니다. 두 가지 중 어느 쪽에 치중하느냐에 따라 '자유주의 정의론'과 '평등주의 정의론'으로 나뉘는데, 어느 쪽도 완전하지는 않아요. 정의의 실천이 어려운 근본적인 이유도 이 때문이죠.

플라톤의 정의론은 불평등 정의론

가장 오래된 정의론인 '플라톤의 정의론'은 현대의 시각으로 보면 매우 특이한 이론이랍니다. 플라톤의 정의론은 처음부터 불평등 자체를 적극 옹호하는 입장에서 출발합니다. 플라톤이 말하는 정의는 '국민 각자가 자기에게 합당한 일을 하면서 행복하게 살고, 전체가 조화를 이루는 아름다운 상태'입니다. 여기서 말하는, '각자 자기에게 합당한 일'이란 무엇일까요? 그것은 계급 차별을 유지하는 일입니다. 귀족은 귀족으로서, 군인은 군인으로서, 평민은 평민으로서 차별화된 불평등을 계속 유지하는 것이 곧 정의라는 뜻이죠.

모두 알다시피 오늘날에는 기본적으로 모든 사람이 평등합니다. 그러나 플라톤이 살던 시대에는 '소피스트'라는 지나친 개인주의자들 때문에 윤리 자체가 상황에 따라 달라지고는 했어요. 그렇게 달라지는 윤리 때문에 국가 전체가 혼란에 빠지기도 했답니다. 따라서 정의는 혼란을 막고 국가의 안정을 유지하기 위한 수단이었죠. 알고 보면 플라톤의 불평등 정의론은 이런 특수한 시대 상황 속에서 나온 것입니다.

오늘날 '공주병'이나 '왕자병' 환자라고 놀림을 당하는 사람들도 플라톤의 이론에 입각해 살펴보면 자신의 입맛에 맞는 계급 노릇만 하고자 하는 사람들입니다. 그들이 놀림받아야 할 정의론적 이유는 분명합니다. 그들은 시대를 거스르는 그릇된 정의, 즉 '불의'를 지지하고 있기 때문이죠.

즐거운 독서 퀴즈

1 다음은 벤담과 롤스의 주장이 담긴 두 가지 제시문이에요. 두 철학자의 주장은 대립합니다. 어떤 것이 대립하는지 찾아보세요. (   )

> 자연은 인류를 고통과 쾌락이라는 두 군주의 지배 아래 두었다. …… 우리가 무엇을 해야 할지를 결정하는 것은 오로지 이 두 군주의 손에 달려 있다. …… 우리는 어떤 행위를 해야 할 것인지 말 것인지를 그 행위가 사람들의 쾌락(행복)을 증진시키고 고통(불행)을 감소시키는지에 따라 결정한다. …… 우리는 이러한 유용성의 원리에 부합하는 행위를 마땅히 해야 할 행위라고, 또는 적어도 해도 좋은 행위라고 말할 수 있다. …… 공공의 이익이란 모든 개인의 이익을 합한 것에 지나지 않는다. …… 모든 입법의 목적은 사회의 행복을 증진시키는 것이다. 행복을 감소시키는 것은 악이므로 모두 제거해야 한다. 모든 형벌은 그 자체로서 악이지만 공리의 원칙에 따라 더 큰 악을 제거할 수 있다면 허용되어야 한다.
> ─ 제러미 벤담, 『도덕과 입법 원리 입문』 중에서
>
> 진리가 사상 체계가 추구해야 할 최고의 덕목이라고 한다면, 정의(正義)는 사회 제도가 추구해야 할 최고의 덕목이

다. 이론이 아무리 논리적으로 빈틈이 없고 간단하고 명료하다고 할지라도 그것이 진리가 아니라면 고치거나 버려야 한다. 마찬가지로 법이나 제도도 아무리 효율적이고 완벽한 것일지라도 그것이 정당하지 못하다면 고치거나 버려야 한다. 모든 사람은 사회 전체의 복지라는 명목으로도 침해할 수 없는 정의에 대한 권리를 가지고 있다. 그러므로 다른 사람들이 가지게 될 더 큰 선을 위하여 소수의 자유를 빼앗는 것은 정당화될 수 없다. 다수가 누릴 더 큰 이익을 위해서 소수에게 희생을 강요하는 것은 정의롭지 못하다. 따라서 정의로운 사회라면 누구에게나 동등한 시민적 자유를 보장하며 정치적 거래나 사회적 이익의 계산을 이유로 이미 정의에 의해 보장된 권리들을 빼앗을 수 없다. …… 인간의 삶이 추구하는 최고의 덕목들인 진리와 정의는 지극히 준엄한 것이다.

— 존 롤스, 『정의론』 중에서

❶ 정의는 사람들의 행복을 증진시키는 데 있다. vs 그렇지 않다.
❷ 공공의 이익을 위해 개인의 이익이나 자유가 희생될 수 있다. vs 없다.
❸ 모든 입법의 목적은 사회악을 제거하는 데 있다. vs 아니다.

정답

❷ 공공의 이익을 위해 개인의 이익이나 자유가 희생될 수 있다. vs 없다.

사회에서 가장 약자에 속하는 사람에게
이득이 돌아가는 경우에만 불평등은 인정된다.

- 존 롤스

우리 반은 반장인 공리의 지휘 아래
환경 미화를 시작했어요.
공리가 이것저것 독단적으로 결정했지만
아이들은 일단 따르기로 했죠. 그런데 아이들이
직접 그리고 만든 그림과 소품을 폄하하고
자기가 맡은 일을 다른 아이들한테 미루는 등
공리가 잘못된 행동을 했어요.
공리에 대한 아이들의 불만과 원성이 커졌고,
결국 반장 자질 논란까지 벌어졌어요.
일촉즉발의 상황, 과연 우리 반의 앞날은
어떻게 되는 걸까요?

옳음도 다 같은 옳음이 아냐!

내가 반장과 임원들의 제안에 반대하는 입장에 서자 그들의 바람은 좌절되었고, 그러자 반장과 임원들은 내게 싸늘한 눈빛을 보냈어요. 많이 속상하기는 했지만 시간이 지나면 내 마음을 알아주리라 기대하며 감내하기로 했지요.

이렇게 해서 우리 반은 선생님의 지시대로 급식 당번이나 청소, 주변 활동도 예외 없이 모든 아이들이 돌아가며 하기로 했어요. 임원을 제외한 아이들은 모두 이 결정을 좋아했어요.

"나는 너 다시 봤다. 멋있더라."

나눔이의 말에 나는 어깨가 으쓱해졌지만, 한편으로는

임원 아이들과 사이가 좋지 않게 된 것이 마음에 걸렸어요. 하지만 내가 한 행동이 잘못되었다는 생각은 하지 않아요. 왜냐하면 내 행동이 정의로운 행동이라고 믿고 있기 때문이지요.

학급에서 내 번호는 29번이에요. 그래서 오늘부터 일주일 동안, 아니 정확히 말하면 남은 나흘 동안 주번 활동을 해야 해요. 내일부터는 더 일찍 와야 하지요. 교실 청소와 뒷정리를 해야 하고, 아침에는 아이들이 물을 먹을 수 있게 컵도 깨끗이 씻어야 하니까요. 생각해 보니 주번이 해야 할 일이 참 많아요.

종례 시간이 되었어요. 담임 선생님은 이번 환경 미화에 대해 설명해 주셨어요.

"우리 학교는 매년 3월 마지막 주 금요일에 환경 미화 심사를 해요. 교장 선생님께서는 각 학년에서 일등을 하는 학급에 문화 상품권과 학교 앞 분식집에서 떡볶이를 무료로 먹을 수 있는 교환권 등 많은 선물을 주십니다."

선생님은 말을 잠시 멈추고 아이들 반응을 살피셨어요.

"와! 떡볶이 교환권을 준대."

아이들은 다양한 반응을 보이긴 했지만, 하나같이 일등

선물이 마음에 드는 것 같았어요.

"물론 일등을 해서 선물을 받는 것도 좋지만, 더 중요한 건 친구들과 1년 동안 쓸 학급을 깨끗하게 가꾸면서 공동체 의식을 배우는 거예요. 신학기 3월이면 어수선하기도 하고 해야 할 일도 많은데, 환경 미화를 하면서 서먹서먹한 친구들끼리 더 친해질 수 있는 기회를 만들 수 있을 거라고 생각해요."

담임 선생님은 아이들 눈을 차례로 바라보면서 천천히 자세하게 설명해 주셨어요. 나도 선생님과 같은 생각이었어요. 괜히 일등 하려고 애쓰는 것보다 1년 동안 사용할 교실을 정리한다고 생각하면 환경 미화 일도 즐겁게 할 수 있죠. 게다가 잘 모르는 친구들과도 빨리 친해질 수 있고요.

"반장!"

이야기 도중 갑자기 선생님이 공리를 부르셨어요.

"네."

공리가 대답했어요.

"선생님은 반장한테 환경 미화도 맡기겠어요."

선생님은 이번에도 우리들에게, 아니 반장에게 많은 것을 위임하셨어요.

"반 친구들과 함께 열심히 환경 미화를 준비해 주세요."

담임 선생님은 늘 우리에게 스스로 많은 것을 할 수 있게 기회를 주시네요. 나는 그런 선생님의 마음을 잘 알기 때문에 반장을 도와 열심히 해야겠다고 생각했어요.

"네. 알겠어요."

공리는 자신 있다는 듯이 씩씩하게 대답했어요. 그도 그럴 것이 작년에 환경 미화에서 일등을 했던 반이 공리네 반이었고, 미화부장인 왕빛나도 치장하고 꾸미는 데는 뛰어난 재능을 가지고 있다고 하니까 아마 우리 반이 일등을 할 것 같아요.

반 아이들은 하굣길에 두서너 명씩 모여 함께 집으로 가요. 다들 환경 미화 심사 날을 기대하는 것 같았어요. 많은 아이들이 우리 반이 일등을 할 것 같다고 말했어요. 그러면서 김공리가 반장이 되어서 다행이라고 입을 모았지요.

나눔이랑 내가 같이 집에 가던 중이었어요.

"야! 근데 우리 이제 큰일 났다."

나눔이는 반 아이들과 다른 생각을 말하려나 봐요.

"뭐가? 왜?"

나눔이의 그런 모습이 놀랍기만 했어요. 다른 아이들은

지금 상황에 만족하고 좋아하는데, 나눔이는 다른 태도를 보였기 때문이에요.

"너도 알지? 왕빛나랑 김공리네 반이 작년에 환경 미화 일등 했던 거?"

"그럼 알지. 둘이 자기소개 할 때도 그렇게 말했잖아."

나는 당연하다는 듯이 말했어요.

"근데 그게 말이다. 작년에 7반이었던 아이들은 다들 공리랑 빛나를 싫어했어."

나눔이는 뭔가 큰 비밀을 알고 있는 것처럼 말했어요.

"일등 해서 떡볶이도 먹고 문화 상품권도 받았을 텐데, 왜 싫어해?"

나눔이의 말이 이해가 안 됐어요. 아이들 모두가 문화 상품권과 떡볶이를 간절히 원하고 있기 때문이죠.

"야, 떡볶이 교환권이랑 문화 상품권 받으면 뭐 해? 환경 미화 한다고 돈도 많이 걷고, 환경 미화 끝날 때까지 매일 늦도록 학교에 붙잡혀 있어야 하는데…… 시키는 일은 또 얼마나 많은데!"

생각만 해도 싫다는 듯이 나눔이는 고개를 설레설레 저었어요. 나는 그래도 일등을 하면 좋을 것 같다는 생각이 드는데 말이죠.

"뭐, 그래 봤자 2주 동안인데 그렇게 힘들겠어? 환경 미화는 다른 반도 다 하는 거잖아? 나도 해 봤지만 그렇게 힘든 줄은 잘 모르겠던데. 오히려 남아서 애들하고 같이 준비하다 보면 재미있는 일이 많이 생기던걸."

나는 나눔이의 말을 심각하게 받아들이지 않았어요. 사실 환경 미화를 그렇게 목숨 걸고 했던 적은 없어요. 그냥 아이들하고 남아서 이것저것 이야기도 하고, 만들고 꾸미고 하는 일들이 재밌을 뿐이었죠.

"야, 두고 봐라. 내일만 되면 곧 알게 될 거야."

나눔이는 힘주어 말했어요. 하지만 나는 나눔이의 말이 무슨 뜻인지 잘 모르겠더라고요. 왜 저렇게 완강하게 말을 할까요?

"다녀왔습니다!"

약간 삐거덕거리는 현관문을 열고 집 안으로 들어왔어요. 이 시간에 엄마와 아빠는 집에 안 계시지만 나는 돌아오면 꼭 인사를 해요. 사진 속에 있는 내 동생 현진이와 이야기도 나누고요.

"현진아, 오늘은 뭐 했어? 오빠는 며칠 전에 부반장이 되었어. 반장도 하고 싶었지만 그보다 친구 나눔이가 나를 추천해 준 게 더 기뻤단다. 그런데 말이지, 공리라는 여자애가 있는데 도무지 이해가 안 돼. 반장이라는 자리를 이용해서 애들한테 이것저것 일이나 시키고. 반장이면 뭐든지 자기 마음대로 해도 된다고 생각하는 거 같아. 그래서 좀 속상하네."

나는 현진이의 얼굴을 물끄러미 바라보았어요. 내가 말을 많이 해도 현진이의 입은 웃고 있는 모양 그대로예요. 내 얘기가 재밌긴 재밌나 봐요.

"너무 우리 학교 얘기만 한 거 같아. 미안해! 현진이 네가 있는 곳에는 다툼도, 갈등도 없지? 하느님이 좋은 질서를 만들어서 모두가 잘 살고 있을 거야. 그러니까 현진이 너도 잘 있겠지?"

현진이 사진을 바라보며 웃고 있는데 뒤에서 엄마 목소리가 들려왔어요.

"우진이 왔네."

엄마가 일을 마치고 돌아오셨어요. 엄마는 내가 등교를 하면 집 근처 24시간 김밥 가게인 '김밥마을'에서 아르바이트를 하세요.

"엄마! 오늘은 김밥 몇 줄이나 만들었어요?"

"너무 많이 만들어서 몇 개인지도 모르겠어. 배고프지? 밥 먹자."

"네!"

아빠는 매일 늦게 오시기 때문에 엄마와 나는 저녁을 거의 둘이서만 먹는답니다. 그래서 가끔 아빠와 함께 온 가족이 둘러 앉아 밥을 먹으면 밥맛도 좋고 말도 더 많이 하게 돼요. 아, 그렇다고 엄마에게 무뚝뚝한 아들은 아니랍니다. 동생의 빈자리까지 채우려면 늠름하면서도 귀여운 아들이 되어야겠죠?

"엄마는 일할 때 어떤 손님이 제일 싫어요?"

냉장고에서 반찬을 꺼내며 엄마에게 물었어요.

"음, 무조건 많이 달라고 하는 손님이랑, 음식을 너무 많이 남기고 가는 손님. 싫다고 할 수는 없는데 그렇게 안 했으면 좋겠어."

엄마의 말을 들은 순간 너무 찔렸어요. 친구들과 학교 앞 분식집에서 뭘 사 먹을 때 난 아주머니에게 항상 많이 달라고 하거든요. 나 같은 손님이 엄마는 싫으신가 봐요. 앞으로 어디 가서 그런 행동은 하지 말아야겠어요.

"많이 달라고 하면 더 줄 수도 있어. 하지만 같은 가격에 같은 음식을 시켜 먹는 다른 손님들과 비교해 봤을 때 불공평하지 않니? 음식 값에도 그 음식에 알맞은 가격이 책정되어 있는 거란다. 만약 너랑 나눔이가 같은 떡볶이 집에서 떡볶이를 1인분씩 시켜 먹었어. 그런데 나눔이가 많이 달라고 했다고 네 것보다 떡을 더 많이 준다면, 넌 기분이 어떨 것 같니?"

앗, 나는 떡볶이를 무척 좋아해요. 그런데 나눔이가 그렇게 한마디 했다고 나보다 더 준다면……?

"그 가게에 다신 안 갈래요. 왜 같은 돈을 내는데 누구는 적게 주고 누구는 많이 줘요?"

"그래. 정해진 가격에 정해진 양이 다르다면 그 가게는 신뢰가 떨어지겠지. 좀 더 달라고 하는데 거절하는 것도 좀 야박해 보이고. 그래서 엄마가 좀 힘들단다. 호호호."

엄마가 하시는 일은 힘들 것 같아요. 반나절이나 서서 김밥을 말아야 하니까 다리도, 손목도 아프실 거예요. 그런데 말이죠, 만약 나보다 나눔이가 떡볶이를 훨씬 좋아하고 집이 가난해서 먹을 것이 부족한 친구라면 내가 기분 나빠 했을까요? 아닐 것 같아요. 차라리 내 떡볶이를 나눔이에게 덜어 주거나, 가난한 친구들에게 떡볶이를 많이 주는 분식집

을 칭찬할 거 같아요.

"엄마, 엄마. 그럼 만약 노숙자나 소년 소녀 가장이 많이 달라고 해서 많이 주는 것도 안 좋은 거예요?"

"엄마의 마음이야 많이 많이 주고 싶지! 하지만 엄마가 식당 주인이 아니잖니. 실은 얼마 전에 네 또래 여자애가 동생을 데리고 왔었단다. 동사무소에서 주는 도시락을 먹는 형편이던데, 한참 클 아이들이 그걸로 되겠니? 김밥 한 줄을 둘이서 나눠 먹으려고 하는데 가만히 볼 수가 있어야지. 쯧쯧."

"그래서요?"

"마침 사장님이 없었거든. 김밥 한 줄이랑 라면 두 그릇을 더 만들어서 줬지. 계산은 엄마가 하고."

"와! 우리 엄마, 좋은 일 하셨네요?"

역시 베푸는 마음으로 사시는 우리 엄마입니다. 솔직히 우리도 가난한 형편인데 엄마는 다른 사람들도 잘 챙기는 따뜻한 분이랍니다. 엄마가 자랑스러워요. 정확한 가격을 받고 정확한 양을 주는 것도 좋지만, 어려운 환경에 처한 사람들에게 엄마처럼 자신이 가진 것을 나누어 주거나, 그들도 만족할 수 있는 삶을 살 수 있도록 돕는다면, 우리 사회가 얼마나 정의로워질까요?

엄마가 밥상을 차려 주셔서 나는 밥을 먹기 시작했어요. 학교 급식처럼 반찬 가짓수가 많거나 고기, 햄이 있는 것은 아니지만, 엄마의 정성과 사랑이 담긴 밥상은 딱 내 입맛에 맞아요. 국을 한 숟갈 떠먹는데 엄마가 말했어요.

"그런데 우진이 너는 부반장 일은 할 만하니?"

"네? 음…… 아니요, 실은 반장이랑 사이가 좀 틀어진 것 같아요."

"아니, 왜?"

엄마는 평소 아이들과 잘 지내던 내가 반장과 사이가 안 좋다는 말을 듣자 놀라신 모양이에요. 오늘 있었던 일과 급식 당번 얘기를 했어요. 엄마는 공리가 당돌하다면서 웃으셨어요.

"엄마 생각에는 공리가 반장이라는 특권 의식을 갖고 있어서 그런 건 아닌 듯하구나. 반장도 되었고 첫 출발이니까 자신이 이런저런 하고 싶은 일들을 하려고 했겠지. 환경 미화 준비하는 걸 보면 확실히 알겠네. 그게 공리 혼자 좋자고 하는 건 아닐 테니까."

엄마는 꼭 공리 편을 드시는 것 같았어요. 내가 생각한 건 이게 아닌데 말이죠.

"하지만 반장의 그런 주장이 우리 반 친구들을 힘들게 할 수 있어요. 무조건 일등을 하고 상을 타기 위해서만 일하는 것 같잖아요."

"물론 그건 잘못됐지. 하지만 사람마다 올바르다고 생각하는 것에는 조금씩 차이가 있단다. 공리가 옳다고 생각하는 것과 네가 옳다고 생각하는 것에 차이가 생겼으니 지금 사이가 좀 불편한 거지. 공리가 나쁜 마음으로 그런 건 아닐 거야. 단지 자기가 옳다고 생각한 것이 다른 사람들에게 얼마나 많은 피해를 줄 수 있는지를 미처 깨닫지 못한 거지. 하지만 조금만 시간이 지나면 곧 공리도 깨달을 수 있을 거야."

공리가 곧 깨달을 거라고요? 나눔이는 곧 우리 반이 힘들어질 거라고 했는데……. 과연 엄마와 나눔이 중 누구의 말이 맞을까요?

환경 미화 비용이 일인당 5천 원?

오늘은 수요일. 수요일만 되면 아주 신이 납니다. 우리 학교는 매주 수요일마다 수업을 4교시까지만 하기 때문이에요. 이날은 점심을 먹고 나서 친구들과 운동장에서 놀다가 집에 갑니다. 다른 날은 친구들이 학원에 가야 하기 때문에 놀 시간이 없는데, 수요일만큼은 2시간 정도 축구를 하거나 농구를 하는 아이들이 있어서 함께 놀 수 있어요.

아니, 그런데 이게 무슨 날벼락이람? 수업이 끝나고 종례 시간이 되자 공리가 아이들에게 선생님의 지시 사항을 알려 주면서 이렇게 말하는 것이 아니겠어요.

"오늘이랑 다음 주 수요일은 모두 남아서 대청소를 하도록 하겠어요. 환경 미화를 대비해서 그러는 것이니 모두 점심을 먹고 3시까지 남아 주세요. 그리고 임원들이랑 아까 환경 미화를 도와주겠다고 했던 학생들은 대청소 이후에도 남아서 주변 정리를 할 겁니다. 모두 남아 주세요."

아이들 대부분이 싫은 표정을 짓거나 "우우." 하고 소리를 냈어요. 하지만 공리의 단 한마디에 조용해졌지요.

"조용, 조용! 모두 환경 미화에서 일등 하기 싫어?"

공리는 날카롭게 소리치면서 말했어요

"그리고 내일까지 모두 환경 미화 비용으로 5천 원씩 내세요. 임원들은 만 원을 내고요. 그 돈은 미화부장인 왕빛나에게 내면 됩니다."

아니 이건 또 무슨 소리람? 환경 미화 비용이라니?

공리의 독선은 날이 갈수록 심해지는 것 같아요. 이번에는 아예 임원들하고 상의도 하지 않았어요. 빛나와 둘이서 다 정해 놓고 종례 시간에 일방적으로 통보했어요.

이번에도 반대하는 아이들이 생겼어요. 몇 명은 집에서 과외를 한다며 집에 빨리 가야 한다고 말했어요. 다른 몇 명은 환경 미화 비용 5천 원이 너무 많다며 반발했어요. 작년에 공리, 빛나와 같은 반이었던 아이들도 작년에는 3천 원이었는데, 왜 올해는 5천 원씩이나 내야 하느냐면서 화를 냈어요.

이번에는 학습부장인 미래도 공리의 말에 불만스러운 얼굴로 이의를 제기했어요.

"맞아요. 너무 많이 내는 것 같아요. 우리 반이 30명이나 되는데 5천 원씩이나 걷어서 어디다 써요? 또 저는 왜 만 원을 내야 합니까? 일도 더 해야 하는데."

미래는 작년에 자기 반은 천 원씩 냈는데도 2등을 했다고 했어요. 그리고 돈을 많이 걷는다고 환경 미화를 꼭 잘하는 것은 아니라고 말했어요.

"작년에 3천 원씩을 걷었을 때 돈이 좀 모자랐어요. 게다가 그때는 커튼이랑 화분은 커튼 가게를 하는 친구와 농원을 하는 친구가 있어서 거의 공짜로 받았는데, 이번에는 그런 친구들도 없기 때문에 우리가 다 사야 해서 돈이 더 많이 듭니다."

빛나는 일목요연하게 작년 상황을 예로 들어서 말했어요.

"다 우리 반이 잘되자고 하는 것이니까 제 말에 따라 주세요."

공리가 거듭 부탁을 하니까 우리 반 아이들은 어쩔 수 없이 공리의 말에 따르기로 했어요. 그러나 마음에는 불만이 남아 있었어요. 아마 황금 같은 수요일에 남아서 청소를 해야 해서 더 속이 쓰렸을 거예요. 특히 운동을 좋아하는 체육부장 강인이는 거의 화를 내다시피 했어요.

그렇지만 이제 공리와 빛나의 억척스러움에 미래와 강인이도 손을 놓아 버린 것 같았어요.

역시 나눔이의 말이 조금씩 맞아 가고 있었어요. 그러나 공리와 빛나도 우리 반이 환경 미화에서 일등을 하겠다는 생각으로 저러는 것이니 반대하고 싶지는 않았어요. 나는 그냥 조용히 반장의 말을 따르기로 했어요.

남자아이들은 좋아하는 운동을 못 해서 섭섭하게 생각했지만 그래도 다들 열심히 청소를 했어요. 3시가 되기 전에 대청소를 마칠 수가 있었어요. 청소가 끝나 다른 아이들은 모두 집에 돌아가고 임원들만 교실에 남았어요.

나눔이도 나를 도와주겠다면서 교실에 남았어요. 학원에는 4시까지만 가면 되니까 1시간 정도 학교에 남아 있을 수 있다고 했어요.

"자, 이제부터 임원들이 각자 맡아서 할 일들을 나누어 보자."

공리가 반장답게 나서서 이야기를 시작했어요.

"나는 이번 주까지 커튼이랑 화분을 사서 예쁘게 꾸며 놓을게. 쓰레기통 꾸미는 거랑 예쁜 소품 만드는 것도 내가 할게."

미화부장인 빛나는 먼저 자기가 할 일을 말했어요.

"그럼 나는 칠판 오른쪽의 시간표랑 학습란을 꾸밀게. 학습부원들이랑 나누어서 하면 될 것 같아."

미래도 학습부장답게 학습에 관련된 일을 맡았어요.

"그럼 빛나가 청소까지 지도하기 힘들 테니까 나는 남자애들 시켜서 교실이랑 창문, 복도 청소를 맡을게."

체육부장인 강인이가 말했어요.

"부반장, 너는 뭘 할 거니?"

공리가 나한테 물었어요.

나는 뭘 해야 할지 잘 몰라서 선뜻 대답을 못 했어요.

"우진이는 주번이잖아. 주번 활동 하느라고 바쁠 테니까 쉬운 걸로 시켜 줘."

나눔이가 나 대신 말했어요.

아무 말도 못하고 긴장한 상태였는데 나눔이가 도와주어서 조금 마음이 놓였어요 나눔이의 말을 듣고 잠시 생각하던 공리는 나를 쳐다보며 말했어요.

"그럼 나는 책상 커버를 씌울게. 분단별로 한지랑 아세테이트 필름이랑 싸서 압정으로 고정하는 것 말이야."

역시 공리는 많은 일을 염두에 두고 있었어요. 30개나 되는 책상을 다 씌우려면 어려울 것 같은데……. 내가 명색이 부반장인데 반장만 힘든 일을 하게 하는 것 같아서 미안하다는 생각이 들었어요.

"혼자 하면 힘들 텐데 내가 도와줄게."

"아니, 뭐 그런 간단한 일을 가지고. 내가 혼자 할 수 있어. 너는 그럼 앞에 태극기랑 교훈, 급훈 좀 새로 바꿔 줄래?"

나는 공리의 제안을 받아들여 태극기와 교훈, 급훈을 새로 바꾸는 일을 맡기로 했어요.

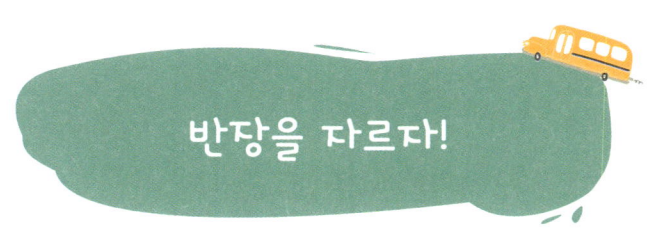

반장을 자르다!

다음 날 아침이었어요. 주번 활동으로 외곽 청소를 하고 교실로 돌아왔는데 반 분위기가 이상했어요.

"야, 김공리! 너 장난해?"

어제 환경 미화를 도와주겠다고 남았던 아이들 중 한 명이 화를 내고 있었어요.

사건의 발단은 이래요. 어제 공리가 몇몇 아이들에게 교실에 붙일 그림을 그려 와 달라고 부탁했어요. 또 다른 몇몇 아이들에게는 소품 몇 개를 만들어 오라고 시켰어요. 그런데 애들이 정성스럽게 만든 그림이랑 소품이 마음에 들지 않는다고 그림을 다른 반에서 빌려 오자고 하고 소품도 아예 새로 사자고 한 거예요.

게다가 처음부터 공리는 미화부장 빛나에게 따로 장식할 소품을 몇 개 사 오라고 시켰던 거죠.

"아니, '우리들의 솜씨'란인데 어떻게 다른 반 친구 수상 작품을 전시하려고 하냐?"

공리에게 비난이 쏟아졌어요.

"야, 환경 미화 심사에서 뒤에 붙은 그림도 얼마나 중요한지 알아? 이왕이면 잘 그린 그림을 전시하면 좋잖아?"

공리는 나름대로 환경 미화에서 이기기 위해 그런 방법을 선택한 것 같았어요.

"그게 말이 되냐? 그렇게 할 거면 제목부터 바꿔. 그리고 우리한테 그림 그리고 소품까지 만들어서 가져오라고 해 놓고 왜 니들 마음대로 바꾸는 거야? 피곤하다, 정말."

아이들은 어제 밤늦게까지 그림을 그리고 소품을 만드느라 잠도 제대로 못 잤다면서 공리와 빛나를 맹렬히 비난했어요.

한 가지 문제가 더 있었어요. 환경 미화 비용으로 5천 원씩이나 거뒀으면서 아이들에게 내일 아침까지 한지랑 아세테이트 필름을 한 장씩 사 오라고 한 거예요. 그것도 분단별

로 왼쪽 분단은 분홍색, 중앙 분단은 노란색, 오른쪽 분단은 하늘색을 사 오라나요.

거기에다 공리는 자기가 하겠다고 나섰던 책상 씌우는 일까지 아이들 각자한테 하라고 지시했어요. 그러니 실제로 공리가 하는 일은 아이들이 잘하는지 감독만 하는 거였어요. 또 공리는 오늘부터 환경 미화 심사가 끝날 때까지 모두 방과 후에 남으라고 했어요.

아이들 모두가 불만이 많았어요. 첫날에도 청소했고 어제도 대청소를 했는데, 왜 자꾸 남으라고 하는지 모르겠다고 원성을 쏟아 냈어요. 환경 미화에 일등 하려면 남아서 청소를 해야지, 하고 이해하는 친구들도 있긴 했어요. 아이들은 청소까지는 괜찮다고 생각하는 것 같았어요.

그런데 오늘 공리는 너무나 큰 실수를 했어요. 자기가 나서서 맡은, 책상 씌우는 일을 아이들에게 떠넘기려다가 아이들의 원성을 산 거죠.

"정말 손도 안 대고 코를 풀려고 한다니까."

나눔이는 어디서 배웠는지 유식한 말을 내뱉었어요.

"야. 너는 아무래도 반장 자질이 없는 것 같아."

우리 반을 위해 열심히 그림을 그렸던 진현이가 공리에

게 말했어요.

"뭐야? 반장 될 자질이 없다니? 니들은 내가 필요해서 뽑은 거 아니니? 모두 잘되자고 하는 일인데 왜 그래? 나 혼자 이익 챙기려고 하는 것도 아니잖아. 우리 5학년 4반을 위해서, 환경 미화 일등 해서 모두가 좋자고 하는 거라고. 환경 미화 일은 실제로 빛나가 알아서 하지만 난 빛나 위에서 지휘를 하고 있어. 지금은 다들 조금 힘들겠지만 일등 해서 상 타고 나면 훨씬 좋아질 거야."

공리도 이제는 화가 났는지 목소리가 커졌어요.

"야, 됐어. 대통령도 탄핵하는데 우리가 반장 하나 못 자를 것 같아?"

진현이는 어제 그림을 그리고 소품 만들기를 한 다른 친구들과 함께 공리에게 대항했어요.

"그래서 지금 나보고 어떻게 하라는 거야?"

공리의 목소리가 떨렸어요. 아마 반장을 맡고 이렇게 힘든 일은 처음이었을 거예요.

"다른 것 말고, 너 환경 미화 끝날 때까지 아예 반장 일을 하지 말고 다른 애한테 맡겨."

진현이는 큰 목소리로 자기 생각을 말했어요.

"다른 애한테 맡기라고?"

"투표해서 된 반장이니까 자르는 건 그렇고, 그냥 우리 좀 덜 피곤하게 해 줬으면 좋겠거든? 그러니까 너 잠깐 쉬라고."

진현이도 공리에게 화가 많이 난 것 같았어요.

"야, 공리 없이 너희가 잘할 수 있을 것 같아?"

빛나가 진현이의 말을 받아쳤어요.

"하, 애들이 쉬라고 하면 그렇게 할게."

공리는 욱하는 마음이 들었는지 이렇게 말했어요.

나는 공리와 진현이, 그리고 빛나와 몇몇 아이들이 엉켜서 싸우는 광경이 참 보기 사납다고 생각했어요.

"야, 공리가 환경 미화 끝날 때까지 좀 쉬었으면 하는 사람 손들어 봐."

진현이는 아이들에게 단도직입적으로 물어보았어요.

예상보다 많은 아이들이 진현이의 편을 들어 주었어요. 그전에 당번 사건이 있었던 데다 오늘 그림 그리기와 소품 만들기 사건까지 생겨 공리를 좋지 않게 생각한 아이들이 많았나 봐요.

환경 미화 끝날 때까지 계속 남으라고 한 데다 적지 않은 돈을 비용으로 걷어 놓고선 아이들에게 또 각자 알아서 책상을 씌우라고 했으니 아이들이 진현이처럼 화났던 거예요.

"그럼, 부반장이 이제부터 반장 대신 환경 미화 좀 신경 써 줘."

진현이는 나에게 명령조로 말했어요. 나는 아이들이 정한 규칙을 거부할 수가 없었어요. 한편으로는 공리에게 미안한 마음도 들었죠.

네 생각은 어때?

환경 미화 일등을 하기 위해 솔선수범했던 반 아이들은 환경 미화에 일등 하겠다는 목적만 생각하는 반장의 태도에 불만을 가집니다. 반장은 아이들에게 자꾸 대청소를 시키면서 자신은 힘든 일은 안 하고, 아이들보다 환경 미화 일등만 중요하다는 태도로 일관하죠. 아이들이 반장의 어떤 태도를 비판한 것인지 자신의 생각을 적어 보세요.

▶ 풀이는 180쪽에

돌지에 맡은 반장

담임 선생님이 우리 반에 불어닥친 폭풍 같은 일을 알게 되셨어요. 말 많은 친구 몇 명이 아이들이 싸운다면서 선생님을 모시러 교무실로 갔던 거예요. 선생님은 우리의 행동을 계속 지켜보고 계셨어요. 그런데 이상하게도 우리를 혼내지 않으셨지요.

"원래 학급 일을 하다 보면 안 좋은 일도 있을 수 있고, 이런저런 일이 다 있어요. 여러분도 그런 과정을 겪고 있는 것 같군요."

아이들은 모두 조용히 고개를 숙이고 있었어요.

"하지만 선생님은 이번 일로 여러분을 실망스럽게 생각

하기보다는 좋은 쪽으로 생각하려고 해요. 먼저, 환경 미화 기간까지 여러분의 뜻대로 반장 자리는 비워 두기로 하겠어요. 반장이 학급 학생들에게 지지를 못 받는다는 건 분명 문제가 있는 일이기 때문이에요."

진현이와 몇몇 친구들은 자신들의 편을 들어 주는 선생님을 향해 미소를 날렸어요. 공리는 금방이라도 눈에서 눈물이 떨어질 것만 같았어요. 그래도 공리는 울지 않았어요. 나는 여태껏 저렇게 씩씩한 여자아이는 처음 보았어요.

"부반장!"

"네!"

나는 짧게 대답했어요.

"그럼 지금부터는 부반장이 반장의 역할을 대신해서 환경 미화 심사 날까지 일을 하도록 해요. 알겠어요? 그리고 환경 미화 심사가 끝난 뒤에 반장의 자리를 어떻게 할지 다시 정하도록 하겠어요."

아이들은 모두 선생님의 말씀에 알겠다고 대답했어요.

1, 2교시는 학급 회의 시간이 되어 버렸어요. 학급 회의가 끝나고 우리 반은 학급이 새로 구성된 것처럼 분위기가 확 변해 있었어요.

갑자기 고민이 밀려왔어요. 부반장인 내가 반장 역할까지 맡게 된 데다, 공리의 빈자리는 더욱 부담이 되었지요. 작년에 반장을 해 보긴 했지만 공리는 내가 알던 반장들하고는 다른 구석이 있었기 때문이에요. 공리 대신 내가 잘할 수 있을까?

종례 시간이 되었어요.

선생님은 오늘 수업 시간에 떠들어서 걸렸던 친구들 몇 명만 남아서 청소를 하라고 시키셨어요. 나는 주번이라서 남아 있었고요.

나는 아무래도 선생님께 도움을 청해야겠다고 생각했어요. 나는 아이들이 다 갈 때까지 기다렸어요. 그러다 교실 문을 잠근 후 열쇠를 가지고 교무실로 갔어요.

'선생님께 뭐라고 해야 할까? 못 한다고 말해야 할까?'

나는 모든 상황이 고민스러웠어요. 혼자 아이들을 이끌어 나갈 자신도 없었어요.

"선생님!"

교무실에서 선생님이 책상 앞에서 책을 읽고 계셨어요.

"어, 우진이 왔니?"

선생님은 다정하게 반겨 주셨어요. 그러고는 근심 가득

한 나의 표정을 바라보셨지요.

"저는 반장을 대신할 자신이 없어요, 선생님. 아까는 아이들이 있어서 말씀드리지 못했는데 공리보다 잘할 자신이 없어요. 아이들 입장을 모두 공평하게 반영해서 반을 운영해 나가야 하는데, 그럴 자신도 없고요."

선생님은 내 손을 잡아당기셨어요. 그리고 옆에 있던 의자를 끌고 와서는 나를 앉게 하셨어요.

"우진아! 누구나 자신의 역할에 약간의 불안감을 가지고 있단다. 특히 너는 부반장이었다가 반장 역할을 하려니까 더 그럴 거야."

선생님은 고민스러워하는 내게 다정하게 말씀해 주셨어요.

"너 작년에도 반장을 했었다고 선생님이 알고 있는데, 작년에 하던 대로 하면 되잖니?"

"사실 작년 저희 반 선생님은 저희가 해야 할 일들을 거의 대부분 먼저 말씀해 주셨거든요. 그런데 선생님은 반 아이들과 임원들이 스스로 알아서 하는 걸 좋아하시는 것 같아서요."

나는 선생님께 느꼈던 선생님에 대한 인상을 말씀드리고

야 말았어요.

"와, 그런 선생님의 속뜻도 알아차리고 대단한걸. 거봐, 우진이는 벌써부터 남의 마음을 이해하고 알아주는 능력이 있잖아."

선생님의 목소리 톤이 약간 올라가 있는 걸 들으니 기분이 좋아 보이셨어요. 이내 선생님은 책 한 권을 꺼내셨어요.

『공정으로서의 정의』라고 적혀 있는 책은 두껍고 글씨가 아주 많았어요. 선생님은 책 속에 있는 사진 한 장을 펼쳐 보여 주셨어요. 사진 속에는 깡마른 외국인 아저씨가 서 있었는데, 오른쪽 팔꿈치는 책꽂이에 기대어 있고, 왼쪽 손은 바지 주머니에 넣고 있었어요.

"선생님, 이 사람이 누구예요?"

나는 책 속 사진을 쳐다보면서 선생님께 여쭈어 보았어요.

"존 롤스라는 철학자란다. '정의'에 대해 말한 사람들 중에서 최고라고 할 수 있지."

선생님은 책을 내 쪽으로 내밀어 더 자세히 볼 수 있게 해 주셨어요.

"우진이는 정의가 뭐라고 생각하니?"

'정의? 정의로움? 나는 정의를 뭐라고 생각하고 있었지?'

"……."

나는 아무 대답도 할 수가 없었어요. 선생님은 잠시 내가 생각해서 대답할 수 있게 기다려 주셨어요. 그러다가 내가 아무런 대답을 하지 못하자 말을 이어 가셨어요.

"우리가 공평하다, 정의롭다, 이런 말을 많이 쓰잖아? 그런데 사람마다 이 말의 의미가 약간씩 다르단다."

"전, 정의롭다고 하면 항상 옳은 것, 착한 것, 좋은 것, 뭐 그런 게 떠오르는데요."

나는 전부터 마음속에 갖고 있던 정의에 대한 생각을 말씀드렸어요.

"아, 우진이도 잘 알고 있네. 정의라는 것."

선생님은 내게 이 책에 담긴 정의의 뜻에 대해 이야기해 주실 것 같았어요.

나는 그런 선생님의 말씀이 듣기 좋았어요.

"플라톤이라는 사람에 대해 들어 봤니?"

선생님은 또 다른 질문을 하셨어요.

"네. 들어는 봤어요! 고대의 철학자죠?"

"그래, 맞아. 플라톤은 정의를 지혜, 용기, 절제의 완전한

결합이라고 말했어. 말이 좀 어렵기는 하지만 선생님 생각엔 정의를 실천하려면 지혜와 용기와 절제가 필요하다는 말인 것 같아."

"우리가 정의라는 말을 할 때는 공리주의니 자유주의니 평등주의니, 뭐 그런 말들을 함께 사용하거든? 쉽게 말하자면 우리 반 김공리는 공리주의자인 거지."

선생님의 말씀을 듣고 있다가 나는 웃음이 터져 나왔어요.

'김공리는 공리주의자?'

"하하, 내 말이 조금 웃기긴 하네. 그러니까 공리가 환경 미화에서 일등을 하기 위해 애쓴 행동들은 공리주의자다운 행동이라는 거야."

나는 선생님의 말씀에 빠져들고 있었어요.

"반장 김공리가 가지고 있는 정의로움은 우리 반의 이익과 행복을 추구하는 것이면 뭘 해도 다 괜찮다는 식이야. 그게 잘못된 건 아니지만 이익만을 추구하다 보면 과정은 무시한 채 결과에만 집착하게 되어 버리지."

선생님은 공리주의에 대해 그리고 공리의 행동에 대해 자세히 설명해 주셨어요. 그러나 어떤 평가도 내리려고 하지는 않으셨어요. 그냥 내가 그걸 이해했으면 하고 바라시는 것 같았어요.

"선생님! 우리 반에 이익과 행복이 되는 것만을 추구해서는 안 되는 거라면, 환경 미화도 일등만을 좇으면 안 되겠네요?"

나는 선생님께 이렇게 말했어요.

"맞아. 결과만 좇으면 안 되겠지?"

선생님이 말씀하셨어요.

"공리주의에 따르다 보면 자유니 평등이니 하는 것들이 다칠 수가 있어. 그런데 정의로움에는 이러한 자유와 평등이라는 개념들도 중요하거든."

자유와 평등이라는 단어가 나오니까 머리가 좀 복잡해졌어요.

"존 롤스는 인간이 기본적인 자유와 균등한 기회를 나눠 가지면서 가장 어려운 사람에게는 최대한 이익이 돌아가게 해야 한다고 했어. 가장 어려운 사람에게 최대한 이익이 돌아가게 하려면 어떻게 해야 할까?"

선생님의 갑작스러운 질문에 나는 좀 당황한 채로 말했어요.

"잘사는 사람이 나눠 주면 되죠."

"그래, 그것도 맞는 이야기고 복지 방법의 하나라고 할 수 있지. 그런데 잘 생각해 봐. A, B, C, D, 네 사람이 있고 100만 원이라는 정해진 금액이 있다고 해 보자. 사람 신분에 따라 100만 원을 차등적으로 지급해야 한다면 어떻게 해야 할까? 예를 들어 왕은 50만 원, 관리는 30만 원, 백성은 15만 원, 노예는 5만 원이 지급되는 거야. 그런데 A, B, C, D는 자기가 태어날 때 어떤 신분을 가지게 될지 전혀 모르는 상태야. 왕이 되어서 50만 원을 받을지, 노예가 되어서 5만 원을 받을지 모르지. 자, 그럼 차등으로 지급되는 돈이 앞의 것과 같지 않고 왕은 30만 원, 관리는 26만 원, 백성은 23만 원, 노예는 21만 원이라고 가정해 보자. 만약 우진이 네가 A, B, C, D 중 한 사람이라면 어느 쪽을 택하겠니?"

네 사람, 차등 지급, 신분에 따라? 너무 복잡한 것 같았어요. 그런데 확실히 알 수 있는 것은 두 번째 방법은 지급되는 돈의 차이가 크지 않고 골고루 분배되는 것 같은데, 첫 번째 방법은 신분에 따른 차이가 너무 큰 것 같았어요. 왕이 아니라 노예로 태어나면 어쩌겠어요? 그러면 굶어 죽어야 하나? 차라리 그럴 바에는 모두가 비슷하게 돈을 갖는 게 더 나을 듯했어요.

"전 두 번째 방법이요. 제가 혹시나 노예로 태어나면 어떡해요."

"그렇겠지? 존 롤스는 서로에 대해 사회적 지위도 성격도 아무것도 모르는 상태에서 모든 사람에게는 분배의 원칙이 적용되어야 한다고 생각했어. 바로 원초적 입장에 서 있는 사람들이 최소 수혜자, 즉 가장 이득이 적을 것 같은 사람에게 최대의 이득이 돌아가도록 원칙을 만드는 거야. 그렇게 하려면 사람들이 무지의 베일을 써야겠지?"

"무지의 베일이요?"

무지의 베일이 무슨 말일까요? 무지는 아는 게 없는 것이고, 베일은 뭘 감춘다는 뜻인 것 같은데…….

"원초적 상태에 있기 위해서는 사람들이 무지해야 한다는 거야. 즉, 무지의 베일이란 상대방에 대한 지식을 없애는 일종의 가상 도구란다. 이 도구를 가지고 최선의 방법을 고민할 수 있어. 사람들은 어떤 상황에 부딪혔을 때 가장 힘들고 어려운 상황을 생각하면서 최선의 방법을 고민하지. 그러니까 우진이는 어떤 일이든 최선의 방법이 무엇인지를 고민해야 해. 그리고 뭐든지 고민을 한 뒤에 결정하면 아마 모

든 일이 좋은 쪽으로 흘러갈 거야."

내가 이해 못 하는 것처럼 보였는지 선생님은 덧붙여 설명해 주셨어요.

"최선의 방법이요?"

나는 최선의 방법이라는 말이 마음에 들었어요. 뭐든지 최선을 다한다는 것은 신뢰가 가니까요.

"제가 지금 처해 있는 상황에서 최선의 방법을 말씀하시는 거죠? 우리 반 현재의 상황 속에서요?"

선생님 말씀의 의미가 무엇인지 알 수 있을 것 같았어요. 그리고 속으로 너무나 기뻤어요.

이제 내일부터는, 아니 지금부터는 반장 없이도 환경 미화를 위해 최선을 다하자고 다짐했어요. 솔직히 내가 자신이 없었던 것은 처음부터 반장으로 뽑힌 것이 아니라서 친구들의 지지를 받지 못하지나 않을까 하는 불안감 때문이었어요.

만약 내가 반장이라면 공리와는 다른 방식으로 우리 반을 운영했겠죠? 작년에 더 열심히 했으면 좋았을걸, 하고 후회도 했지만 그래도 반장 역할을 무난히 해냈으니까요.

이제는 아이들도 내게 도움을 청하고 있고 반장인 공리

도 자신이 약속한 대로 환경 미화 심사까지는 참견하지 않기로 했으니 나만의 방식대로 환경 미화 준비를 해 나갈 거예요.

> 철학자의 생각

정의에서 '좋음'과 '옳음'의 문제

가장 좋은 결과를 가져오는 목적론

목적론은 우리가 어떤 것을 이루기 위해 힘을 쏟아야 할 객관적이며 절대적인 목적이 있다고 믿는 이론입니다. 어떤 행동이 옳은가, 그른가 하는 문제는 그 행동이 목적을 달성하는 데 얼마나 도움이 되느냐에 따라 판단됩니다. 그러므로 목적론적 윤리설의 근본적 문제는 '인생에서 가장 중요한 목적이 무엇인가?'입니다. 한편 목적론은 결과의 내용에 따라 행위의 옳고 그름을 판단합니다. 이것은 동기보다 결과를 중시하는 결과론적 윤리설에 가까워요. 목적론에 따르면 우리는 언제나 가장 좋은 결과를 가져오는 행동을 해야 합니다. 따라서 도덕 법칙을 지키고 어기는 문제를 가장 중요한 것으로 생각하지는 않아요.

공공의 이익을 위해 소수가 희생되는 '정의'가 옳을까?

공리주의는 행위가 가져온 행복과 고통의 정도에 따라 옳고 그름을 판단하는 것이라고 했죠? 하지만 공리주의는 혼자서 이익을 챙기려는 이기주의와는 달라요. 공리주의는 자신의 행복만을 만족시키는 것이 아니라 '최대 다수의 최대 행복'이라는 공공의 이익을 목표로 한다는 점이 중요해요. 그런데 공리주의에 반대하는 사람들의 목소리를 들어 보면 많은 사람의 큰 행복 뒤에는 고통과 아픔이 숨어 있는 경우가 많다고 해요.

현대 정의론은 "모든 사람이 잘되게 하기 위해 특정한 일부가 손해를 감수해야 한다는 것은 편리한 발상이지만, 정의롭다고 볼 수는 없다."라고 공리주의를 비판합니다. 왜냐하면 공리주의는 개인의 권리나 요구가 다수 사람들이 생각하는 '행복'에 의해 제한될 수도 있다고 보기 때문이죠. 그렇기 때문에 현대 정의론은 '좋음'(최대 다수의 최대 행복)에 앞서 반드시 지켜야 할 '옳음'(보호해야 할 소수 개인의 기본권)이 있다고 보는 점에서 의무론에 속해요. 그렇지만 현대 정의론은 '좋음'에 앞선 '옳음'을 직관적으로 알 수 있다고 보지 않는다는 점에서 기존의 의무론과는 달라요. 오히려 공리주의적이죠. 다시 말해 현대 정의론의 기본적 성격은 의무론에 속하지만 방법 면에서 보면 공리주의에 가까워요. 현대 정의론이 공리주의를 비판하는데도 불구하고 두 이론이 혼동되는 이유가 여기에 있어요.

    현대 정의론은 자유와 평등이 공리주의에 의해 침해받을 수 있다는 생각이에요. 자유와 평등 중 어느 요소를 우선하느냐에 따라 자유주의적 정의론과 평등주의적 정의론으로 나뉜답니다.

즐거운 독서 퀴즈

1 환경 미화 일등을 해서 선물을 받으려고 솔선수범했던 아이들은 공리가 반장 자질이 없다면서 반기를 들어요. 왜 반장 자질이 없다고 했을까요? (   )

> "야. 너는 아무래도 반장 자질이 없는 것 같아."
> 우리 반을 위해 열심히 그림을 그렸던 진현이가 공리에게 말했습니다.
> "뭐야? 반장 될 자질이 없다니? 니들은 내가 필요해서 뽑은 거 아니니? 모두가 잘되자고 하는 일인데 왜 그래? 나 혼자 이익 챙기려고 하는 것도 아니잖아. 우리 5학년 4반을 위해서, 환경 미화 일등 해서 모두가 좋자고 하는 거라고. ……"

❶ 환경 미화에서 일등을 하겠다는 일념으로 아이들보다 더 열심히 일해서
❷ 환경 미화를 공동의 일로 생각하지 않고 자신의 능력을 뽐내기 위한 수단으로 활용해서
❸ 아이들에겐 자꾸 청소를 시키면서 정작 반장은 자신이 맡은 책상 씌우는 일도 안 하려고 해서

정답
❷ 환경 미화를 공동의 일로 생각하지 않고 자신의 능력을 뽐내기 위한 수단으로 활용해서

21번의 제시문을 보면 반장은 환경 미화라는 목적을 중시하는 '목적론자'이자 반 전체의 이익을 얻기 위해 행동하는 '공리주의자'임을 알 수 있어요. 그렇다면 목적론자인 반장의 태도가 이기주의자와 다른 점은 무엇일지 아래 제시문을 읽고 자유롭게 적어 보세요.

> 자신의 집 근처에 '기피 시설'이 들어서는 것을 싫어하는 것은 당연한 반응일 수 있다. 그러나 몇몇 지역처럼 자신의 이익에 도움이 되는 것 외엔 어떤 것도 받아들일 수 없다는 생각은 곤란하다. 집단 이기주의가 공동체의 문제를 결정하도록 내버려 둬서도 안 된다. 법원은 얼마 전 납골당 문제에 대해 "공익적 시설이기 때문에 주민들이 어느 정도의 불편은 감내할 필요가 있다."고 말했다. 공익이 우선이라는 말이다.
>
> ― ○○신문, 2008년 1월 24일

• 목적론자와 이기주의자의 다른 점

_____

정답

목적론자는 자신이 아니라 공동체나 집단의 공동선을 중시하지만, 이기주의자는 오직 자신의 이익이 되는 행동만 중시하기 때문에 미화에 소홀할 것이다.

3 선생님은 공리주의와 정의로움, 존 롤스의 철학 등을 설명해 주었어요. 다음은 선생님의 설명을 정리한 문장이에요. 맞으면 ○, 틀리면 × 표시를 해 보세요.

❶ 공리주의는 무엇보다 자유와 평등을 존중하는 사상이다. (   )

❷ 존 롤스는 인간이 기본적인 자유와 균등한 기회를 나눠 가지면서 가장 어려운 사람에게는 최대한 이익이 돌아가야 한다고 했다.
(   )

❸ 존 롤스는 서로에 대해 사회적 지위도 성격도 아무것도 모르는 상태에서 모든 사람에게는 분배의 원칙이 적용되어야 한다고 생각했다.
(   )

❹ 존 롤스는 원초적 입장에 서 있는 사람들이 최대 수혜자, 즉 가장 이득이 많을 것 같은 사람에게 최대의 이득이 돌아가도록 원칙을 만들어야 한다고 주장했다. (   )

❺ 존 롤스는 사람들이 원초적 상태에 있기 위해서는 무지해야 한다며 상대방에 대한 지식을 없애는 가상 도구인 무지의 베일을 쓰고 최선의 방법을 고민해야 한다고 했다. (   )

정답: ❶ × ❷ ○ ❸ ○ ❹ × ❺ ○

자유는 제1원칙에, 평등은 제1원칙과 더불어
공정한 기회 균등에 있어서의 평등의 관념에,
박애는 차등의 원칙에 연결된다.

— 존 롤스, 『정의론』

둘째 주 월요일,
환경 미화가 순조롭게 진행되는 듯했어요.
그런데 갑자기 주번인 나눔이가
함께 주번 활동을 해야 하는
미화부장 빛나에게 화를 냈어요.
주번 활동은 모른 체하고 환경 미화만 하는 빛나가
못마땅했던 거예요. 빛나는 하기 싫은 주번 활동보다
하고 싶은 환경 미화만 할 거라고 쏘아붙였어요.
둘의 싸움이 점점 더 커지는 상황,
나는 둘 다 이해가 됐어요.
도대체 이럴 땐 어떻게 해야 하는 걸까요?

왕빛나 vs 정나눔

둘째 주 월요일이 되었어요. 지난주에는 주번이라 일찍 학교에 갔었지만 이번 주는 평소대로 8시쯤에 갔어요. 집에서 학교까지는 걸어서 25분 정도가 걸리는데, 우리 반은 등교 시간이 8시 30분까지예요.

학교에 도착한 나는 너무나 놀랐어요. 학습부장인 미래가 주말 동안 학습란에 들어갈 내용을 꾸미고 코팅까지 해 와서 교실 앞에 부착해 놓은 거예요. 그리고 체육부장인 강인이는 걸레를 여러 개 만들어서 가져왔어요.

"야, 너희들 대단하다. 벌써 다 한 거야?"

할 일을 찾아 알아서 하는 아이들이 너무나 대견했어요.

더욱 놀랄 만한 것은 왕빛나였어요. 빛나는 공리가 사 오라고 했던 소품들을 가지고 가게에 다시 가서 만들기 재료로 바꿔 가져왔어요.

"어찌 됐든 내가 미화부장인데 열심히 해야지 어쩌겠니?"

빛나가 말했어요. 그리고 새롭게 바꿔 온 재료들을 가지고 아이들과 함께 이것저것 만들었어요.

빛나의 손이 닿으면 뭐든지 쓸모 있고 예쁜 물건이 되었어요. 빛나의 솜씨는 놀라웠어요. 게다가 손놀림도 아주 빨랐어요.

"야, 너 정말 이럴 거야?"

나눔이가 빛나에게 큰 소리로 말했어요. 나눔이는 오늘 아침에 혼자 일찍 와서 주번 활동을 했다며 화를 냈어요. 빛나는 자기가 주번이면서도 주번 활동은 하지 않고 그냥 환경 미화 준비만 하고 있었어요.

"정나눔! 네가 좀 하면 안 돼? 난 환경 미화 준비하느라 이렇게 바쁜데. 네가 주번 일을 좀 도와줘도 되잖아."

빛나는 자기도 힘들다고 하소연하듯이 말했어요.

나 역시 나눔이가 그래 줬으면 좋겠다는 생각이 들었어요. 그러나 나도 지난주에 주번을 해 보았기 때문에 주번 일이 혼자서는 힘들다는 것 또한 잘 알고 있었어요.

"그게 도와 달라는 말투냐? 그럴 거 같으면 사전에 부탁을 했어야지. 내가 화내니까 피하려고 핑계 대는 거 아니야?"

나눔이는 단단히 화가 나 있는 눈치였어요. 주번 일도 자기 일인데 모르는 체하는 빛나가 못마땅한 것이 틀림없어요.

"내가 아까 같이 청소하자고 했잖아. 네가 일하기 싫어서 피하고 논 건 생각 안 하냐?"

나눔이는 쉬지 않고 속에 담아 두었던 모든 불만을 토해 냈어요. 보아하니 복도 걸레질도 혼자 하고, 방금 외부 청소도 혼자 다녀온 것 같았어요.

"야! 그럼 내가 안 한다고 선생님한테 이르면 되잖아? 솔직히 나는 주번 활동은 하기 싫단 말이야."

이번에는 빛나가 쏘아붙였어요.

"이번 주에 주번 활동 제대로 못 해서 다음 주에 한 주 더 해야 한다고 해도 나는 그냥 환경 미화 준비할 거야. 넌 남자애가 왜 그렇게 치사하게 구냐?"

빛나는 자기 나름대로 하고 싶은 일을 먼저 하려는 것 같았어요. 그러나 나눔이는 자기가 맡은 일을 하지 않는 빛나가 마음에 들지 않았던 거예요. 부탁을 하지도 않으면서 자

기 하고 싶은 대로만 하는 모습이 보기 싫었나 봐요.

"임원들도 주번이며 급식 당번 다 하기로 했잖아. 공평하게 돌아가면서 하기로 했는데, 하기 싫다고? 바쁘다는 핑계로 네 일을 안 하면 되냐?"

나눔이도 절대 말로는 지지 않았어요. 나는 나눔이가 이렇게 말을 잘하는지 몰랐어요. 원래 말이 별로 없는 아이인 줄 알았는데 장황하게 설명까지 해 가면서 싸우고 있으니 놀랄 놀 자였어요.

"내가 나만 편하자고 그래? 나도 나름대로 이유가 있어서 그러는 거잖아. 우리 반이 일등 하면 너도 좋고 다른 친구들도 좋은 거 아니야?"

빛나도 화가 나는 듯 점점 목소리가 높아졌어요.

"내가 보기엔 너는 환경 미화를 핑계로 주번 활동을 편하게 하려는 것 같은데?"

나눔이는 비꼬듯이 빛나에게 말했어요. 나는 빛나의 말도 이해가 되고, 나눔이의 입장도 이해가 되었어요.

사실 빛나가 미화부장이라서 환경 미화 준비를 위해 남들보다 더 많은 시간 동안 노력한다는 것을 모르는 사람이 없어요. 하지만 그렇다고 다른 사람들도 하기 싫어하는 주번 활동을 빛나만 빼 줄 수는 없는 노릇이에요.

"하기 싫은 것도 자유야. 내가 혼나더라도 안 하겠다는데, 네가 무슨 상관이야? 이건 내 마음이라고. 내 자유! 네가 뭐라고 할 수는 없는 거라고."

빛나의 입장은 바뀌지 않을 것 같네요.

"자유? 그게 자유냐?"

나눔이는 빛나를 향해 물건을 집어 던지고 말았어요.

나는 고민에 빠졌어요. 도대체 이 둘의 문제를 어떻게 해결해야 할까요? 참 어려운 문제였어요. 이대로 뒀다간 둘이 몸싸움이라도 하는 게 아닐까 걱정이 돼서 나눔이를 교실 밖으로 데리고 나왔어요. 나눔이는 씩씩거리면서 화를 냈지만 그래도 싸움을 막아 준 나에게 뭐라고 하지는 않았어요.

지난번에 선생님은 정의와 공리주의, 평등주의와 자유주의 등에 대해 이야기하시면서 최선의 방법이 무엇인지 고민하는 사람이 되라고 하셨어요. 나는 최선의 방법을 내리는 것이 얼마나 어려운지 이 순간을 통해 알게 되었어요.

사실 환경 미화 심사를 준비한다고 미화부장인 왕빛나가 다른 친구들보다 일을 많이 하기는 해요. 빛나 입장에서 일주일 동안이나 환경 미화 준비와 주번 활동을 같이 하는 것은 무척 힘들 거라는 생각도 들어요.

하지만 만약 빛나가 주변 활동을 하지 않는다면 나눔이처럼 혼자 주변 활동을 하는 친구가 생기게 되고, 그 또한 공평하지가 않아요. 어떻게 하면 환경 미화 심사 준비를 하면서 주변 활동까지 참여할 수 있을까요? 나는 무엇이 최선의 방법일지 고민이 되었어요.

왕빛나와 정나눔의 싸움은 끝이 나지 않았어요. 그러나 나는 나눔이에게 오늘 하루만 선생님께 빛나를 이르지 말라고 부탁했어요. 왜냐하면 고민을 계속하다 보면 좋은 방법이 생각날지도 모르기 때문이에요.

차라리 내가 일주일 동안 주변 활동을 도와줄까? 그런 생각까지 들었어요.

문제는 선택이다

오늘 저녁 식사 시간에는 너무나 기분이 좋아요. 간만에 아빠가 일찍 들어오셔서 가족 모두가 함께 밥을 먹기 때문이에요. 매일 비슷한 반찬이지만 역시 가족 모두가 함께 먹는 밥이라 그런지 더 맛있어요.

"아빠, 오늘은 공장에서 아무 사고 없었어요?"

밥을 먹으면서 아빠에게 물었어요. 왜 이런 질문을 하냐고요? 사고가 생기길 바라서 그러는 건 절대 아니죠. 사실 한 달 전쯤 아빠네 공장에서 일하는 외국인 노동자 아저씨 한 분이 기계에 손이 빨려 들어가서 손가락이 절단됐대요. 좀 끔찍한 얘기지만 그만큼 아빠가 하시는 일이 힘들다는 거죠. 그래서 나는 항상 아빠에게 안전 또 안전을 강조한답니다.

"그럼. 아무 일 없었지. 그래, 너는 5학년 돼서 어려운 과목은 없어?"

이런! 아빠는 그런 걸 물어보시다니! 수학도 과학도 어렵지요. 수업 시간에 떠들고 노는 것도 아닌데 그래요. 하지만 어렵다고 포기해서는 안 되죠.

"사실은 조금 어려워요. 그래도 예습, 복습도 하고 수업 시간에 집중해서 공부하니까 괜찮을 거예요. 히히."

밥을 다 먹고 우리 가족은 오랜만에 한자리에 모였어요. 텔레비전에서는 만화 영화도 다 끝나고 뉴스가 나오고 있었어요.

"오늘 오후 ○○자동차 노사는 결국 합의를 하지 못했습니다. 사측은 파업을 철회할 것을 촉구했지만, 노조는 요구를 들어주지 않는 한 파업을 철회하지 않을 것이라고 강력히 주장했습니다."

텔레비전 속의 뉴스 앵커는 노조 파업 소식 기사를 또박

또박 말했어요. 뉴스가 끝나고 또 다른 파업 뉴스도 나왔어요. 대형 마트 노조가 파업하면서 경찰들과 큰 충돌이 있었대요. 그래서 많은 사람들이 다쳤다는데요. 왜 노동자들은 파업을 할까요?

'뭐가 불만이라서 노동자들은 저렇게 시위를 하고 머리를 삭발하는 걸까?'

"아빠! 지금 텔레비전에서 노동자들이 파업하고 있다고 그러잖아요. 왜 그러는 거예요?"

나는 함께 뉴스를 보고 있던 아빠에게 여쭤 보았어요. 텔레비전을 보는 내내 잘 이해가 되지 않았기 때문에 아빠에게 꼭 물어보고 싶었어요.

"글쎄. 많은 이유가 있겠지만 그래도 제일 중요한 이유는 임금이 낮고 일터의 환경이 나쁘기 때문이 아닐까?"

아빠의 말씀을 들으면서도 나는 이해가 되지 않았어요.

"그렇게 임금이 낮고 일터 환경이 안 좋으면 다른 좋은 데로 옮기면 되지 않아요?"

"사실 사람들은 모두 좋은 환경에서 많은 월급을 받고 일하고 싶어 하지. 그게 늘 만족스럽다면 좋겠지만 거의 대부분이 그렇지 못하기 때문에 파업을 하는 거야."

나는 아빠의 말이 잘 이해되지 않았는데, 아마도 어른들만이 알고 있는 세계가 있는 것 같았어요.

"그럼 회사가 좋은 환경을 만들어 주고 월급도 올려 주면 되잖아요. 그러면 사람들이 일을 더 열심히 하게 되고 돈도 더 많이 벌어들여서 회사도 부자가 되지 않을까요?"

"그래, 그렇게 생각하고 회사가 근로 여건을 개선해 주면 좋겠지만 회사도 그럴 여력이 없으니 그렇겠지."

아빠는 노동자 파업은 저마다 아주 복잡한 일들이 얽혀 있다고 말씀하셨어요.

'그렇다면 어떻게 해야 노동자들이 파업을 멈추고 일을 하러 갈까?'

나는 아까 나눔이와 빛나의 싸움을 떠올렸어요. 그 둘도 겉으로 보기에는 개인적인 이유로 싸우는 것처럼 보였지만 사실은 복잡한 이유가 뒤에 깔려 있기 때문이에요.

나눔이는 학급에서 결정을 내린 주번 활동이나 다른 당번 일들을 모두 같이 해야 한다는 공평성에 대해 이야기를 하는 것이었어요. 겉으로는 자기 혼자만 주번 활동을 해서 힘들다고 말하는 것처럼 보이지만, 깊이 들여다보면 빛나가 주번 활동을 하지 않는 것이 공평함에 위배되기 때문에 화

가 난 거예요.

　빛나의 경우에도 자기는 환경 미화가 재미있고 그것을 하는 게 더 좋다고만 말했지만, 사실 내면에서는 자기가 맡은 일을 하거나 하지 않을 자유가 있다고 생각한 거예요.

　게다가 만약 자기가 규칙을 지키지 않고 환경 미화를 한다고 해도 그것은 어차피 자신의 자유 의지로 선택한 것이기에 혼이 나더라도 그걸 받아들이겠다는 의미기도 해요. 나는 빛나의 말이 그렇게 나쁘다고 생각되지 않았어요. 아, 정말 어떻게 결정을 내려야 하는 것일까요?

　노동자 파업에도 이처럼 겉과 속이 다른 복잡한 이야기가 숨어 있는 것처럼 보였어요.

　"아빠, 그럼 어떻게 해야 노동자 파업이 없어질까요?"

　내 생각에 아빠는 겉과 속에 대한 모든 이야기를 아시지 않을까 해서 여쭈어 보았어요.

　"여러 방법이 있겠지만 크게 두 가지로 생각해 볼 수 있겠지. 아무래도 선택의 문제일 거야."

　아빠 말씀이 약간 어렵게 들렸지만 내가 가진 고민을 해결하는 데 도움이 될까 해서 열심히 들었어요.

　"선택이요?"

나는 선택이라는 단어가 무척 마음에 들었어요. 우리가 어떤 문제를 해결할 때 제일 중요한 열쇠가 바로 이 선택이라는 생각이 들었어요.

"그래. 우리 사회가 그것을 선택하는 거야."

나는 아빠의 말씀이 선뜻 이해가 가지 않았어요. 내가 모르겠다는 표정을 짓자 아빠는 웃으며 예를 들어 설명해 주셨어요.

"예를 들면, 근로자의 임금과 복지 향상에 대한 방법을 정부가 모든 회사에 일률적으로 적용할 수도 있고, 아니면 최선의 노력을 하는 선에서 경영자의 재량에 맡길 수 있겠지. 이 두 가지 방법을 사회가 선택할 수 있다면 조금 더 쉽게 일이 풀리겠지?"

"둘 다 별로 나쁘지 않은 것 같아요!"

"맞아. 둘 다 정의로운 방법일 수 있어. 다만 자유냐, 평등이냐를 두고 서로 대립하는 거란다."

자유와 평등?

맞아요. 빛나가 자유를 원했다면, 나눔이는 평등을 원했던 것이죠. 빛나의 자유가 나눔이의 입장에서는 불평등한 것이었어요.

'둘의 문제가 이렇게 복잡하구나. 자유와 평등은 모두 정말 중요한 것이라고 배웠는데 두 가지 다 실현할 수는 없을까?'

성격이 서로 다른 자유와 평등을 실현할 방법을 생각해 내려다 머릿속이 복잡해졌어요.

"요즘은 복지의 중요성이 커져서 정부가 기업에 이것저것 간섭을 하고 있지만, 그래도 경제는 자유가 우선되지 않으면 성장이 잘되지 않거든. 그래서 우리 사회는 자유 시장 경제 논리를 선택하고 있는 거란다."

나는 아빠에게 오늘 미화부장인 빛나와 단짝 친구인 나눔이의 싸움을 이야기했어요.

"아빠가 저라면 어떻게 하시겠어요?"

"야, 이거 어려운데? 꼭 자유가 먼저냐, 평등이 먼저냐, 하는 문제 같은데……."

아빠는 내가 겪고 있는 우리 반의 문제도 사회 문제와 닮아 있는 것 같다고 말씀하시며 말끝을 흐리셨어요.

"너는 어떻게 하면 좋겠는데?"

아빠는 내 생각이 듣고 싶으신 것 같았어요.

"사실 전 둘 다 이해가 되지만, 현재 상황에서는 빛나의 입장을 먼저 생각해 주었으면 해요. 빛나가 말로는 자기가 하기 싫은 걸 안 하는 것도 자유라고 했지만 일등을 하면 나눔이랑 저, 우리 반 아이들 모두에게 좋은 일인 건 사실이거든요."

아빠에게 나도 환경 미화 심사에 많이 신경 쓰고 있다고 말씀드렸어요. 그리고 사실 나눔이도 우리 반이 일등 하는 걸 좋아할 거라고 했어요.

"그럼 최선의 방법이 뭘까?"

아빠는 나의 말을 끝까지 다 들으시고는 이렇게 질문을 하셨어요.

"글쎄요. 어떻게 하죠?"

나는 대답을 쉽게 할 수 없었어요.

아빠도 나에게 더 생각해 보고 결정하라고 하셨고, 나는 엄마를 도와 설거지를 하면서도 계속 그 생각으로 머리가 아팠어요.

'아, 이런 방법이 있었지!'

그때 아주 괜찮은 방법 하나가 떠올랐어요. 바로 나의 인맥을 이용하는 것이었어요.

진정한 정의로움이란 무엇일까?

다음 날 아침, 나는 평소보다 일찍 학교로 향했어요. 주번이 도착하는 시간인 7시 50분에 학교에 갔지요. 어젯밤 나는 우리 반 17번인 짝꿍 영진이에게 전화해서 이번 주로 주번을 바꿔 달라고 부탁해 두었어요.

그게 내가 찾아낸 최선의 방법이었어요. 누구나 한 번은 주번 활동을 하기 마련이니까 순서가 조금 바뀌는 것은 문제가 되지 않을 것이고, 그래서 미화부장인 빛나와 영진이의 순서를 서로 바꾸는 것이 좋겠다고 생각한 거예요.

사실 내가 일주일 더 주번 활동을 해도 괜찮지만 그건 공평하지가 않아요. 나는 이미 일주일간 주번 활동을 했고, 이번 주는 또 환경 미화 막바지 준비를 해야 돼서 학급 일에 신경을 써야 하기 때문이에요.

그렇다고 나눔이 혼자 주번 활동을 하라는 것도 말이 안 되지요. 그렇게 하면 나눔이가 다른 애들보다 더 힘들게 주번 활동을 맡아야 하는데 그건 불공평한 일이에요.

"영진아, 어제 내가 전화한 대로 해 줄 수 있지?"

착한 영진이는 주번 활동 시간에 맞추어 나와 주었어요. 그리고 오늘 왕빛나도 미안했는지 일찍 나와 있었어요.

"그럼."

영진이가 시원스레 대답했어요.

빛나는 영진이에게 고맙다고 말했어요.

"나도 다른 애들한테 부탁하고 싶었는데, 다들 주번을 먼저 하길 싫어해서 말이야."

빛나도 나처럼 주번을 바꿀 생각까지 했더라고요. 어제 혼자 힘들게 주번 활동을 한 나눔이에게도 잘 이야기해서 다툼을 잘 해결했어요.

이제 미화부장인 빛나는 학급 일에 신경을 더 많이 쓸 수 있고, 나눔이도 일주일 동안 빛나와 싸우면서 주번 활동으로 피해를 보지 않아도 돼요.

나도, 빛나도 괜한 죄책감이나 다른 이유로 방해를 받지 않고 환경 미화를 준비할 수 있게 되었어요. 이 방법이 우리가 처한 상황에서 최선의 방법이라고 생각했어요.

아무런 이의 없이 내 의견을 따라 준 친구들이 너무나 고마웠어요. 이 방법을 떠올리게 해 주신 아빠에게도 정말 감사했어요. 우리 반 아이들은 며칠 동안 정말 최선을 다해서 환경 미화에 힘썼어요.

나는 태극기와 교훈, 급훈을 만들고 액자에 예쁘게 끼워서 칠판 위에 가지런히 달았어요. 미래는 시간표도 만들어 붙이고 학습란에는 학급 신문과 반 친구들의 사진을 전시했어요.

그리고 저번에 환경 미화를 위해 친구들이 열심히 그리고 만들어 준 그림과 소품도 활용했어요. 그림은 '우리들의 솜씨'라는 제목으로 전시했고, 그림 옆에는 그림과 어울리는 동시를 써서 함께 걸어 두었어요.

아이들이 직접 만든 소품은 모양이 좀 이상하기는 했지만, 혹시 친구들에게 하고 싶은 말이 있을 때 편지를 써서 전달하는 학급 소식통으로 이용하기로 했어요. 또 다른 작품은 물건을 잃어버렸을 때 주인을 찾아 주는 보관소가 되었어요.

 강인이는 청소 도구함을 깨끗이 정리하고 청소를 도맡아서 해 주었어요. 빛나가 소품을 만드는 데 신경을 쓰고 교실 안을 꾸미고 있을 때면 옆에서 자질구레한 쓰레기 조각들을 치워 주었어요. 특히 빛나가 예쁜 글씨로 재활용품, 일반 쓰레기라고 쓴 명패를 만들자, 강인이가 빛나 대신 쓰레기통에 명패를 붙여 주기도 했어요.

 그 외에도 우리 반 아이들은 각자가 생각하고 아이디어를 내서 만들고 싶은 물건이 있으면 이곳저곳에 만들어서 붙여 놓았어요. 약간 산만해 보이기도 했지만 나는 그 물건들이 아이들의 손때가 묻어 있는 것 같아서 더 좋았어요.

철학자의 생각

자유주의와 평등주의를 넘어 정의를 실현할 수 있을까?

정의를 실현하기 어려운 이유

'최대 다수'에게 '최대 행복'을 주고자 하는 공리주의는 오늘날 흔히 말하는 복지 사회를 추구하는 이론이에요. 이 말을 들으면 누구나 공리주의는 마땅히 옳은 것을 추구한다는 생각이 들 거예요. 그래서 공리주의는 가장 이상적으로 여겨지는 목적론적 정의론이기도 해요. 윤리와 정의는 이론만이 아닌 행동으로 보여 줘야 하는 학문인데, 공리주의는 행동하는 과정에서 두 가지 문제점이 있어요. 하나는 '최대 행복을 만들어 내는 과정'에서 나타나는 문제이고, 다른 하나는 '최대 다수에게 나누는 과정'에서 나타나는 문제예요.

공리주의는 최대 행복을 만들어 내기 위해 무엇보다 능률을 중시해요. 공리라는 말 자체가 효율성, 능률을 의미하는 거예요. 공리주의의 효율성은 개인 간의 능력 차이를 인정하지 않으며, 자유와 평등을 무시한 채 인위적인 조정과 통제를 요구하죠. 자유주의가 공리주의를 반대하는 이유는 개인의 자유 의사를 거스른다는 점과 개인의 능력 차이를 무시한다는 점에 있어요. 반면에 평등주의는 능률을 우선으로 하다 보면 참여 기회가 불평등해진다는 점에서 공리주의를 반대하지요.

이처럼 자유주의와 평등주의는 공리주의에 불만을 가진 윤리학설이라는 공통점을 가집니다. 그러나 불만의 근거는 각기 정반대의 입장에서 대립하고 있어요. 평등주의의 입장에서 보면 국가가 보다 강력하게 행복을 조정하고 통제해야 한다는 것이 마땅히 옳은 요구죠. 그러나 자유주의의 입장에서 보면 오히려 아무런 제약이 없는 자유의 보장이 마땅히 옳은 요구입니다. 그런데 개인적 자유만 보장된 환경에서는 빈부 격차가 심해지는 문제가 나타나요. 한편 전체적 평등만 추구하는 환경에서는 낮은 능률로 인한 행복의 하향 평준화라는 문제가 나타나지요. 대립되는 정의의 두 요건을 모두 만족시키는 현실적 실천 방법을 찾기가 어려운 이유가 바로 이런 문제 때문이랍니다.

자유주의냐, 평등주의냐

자유주의와 평등주의는 공리주의를 반대하는 정의론으로, 설득력은 있어요. 하지만 만족할 만한 대안을 제시하지는 못하고 있어요. 따라서 대안을 찾기 위해서는 각각의 문제점을 따로 정리해 볼 필요가 있겠죠?

자유주의의 문제

1. 개인의 자유만 강조하다 보면 공동체보다 개인을 우선하게 되기 때문에 언제든지 자유주의가 개인 이기주의로 바뀔 수 있어요.
2. 자유주의 이론은 '소유권'이 핵심인데, 소유권은 애초에 힘과 권력에 의해 생겨났어요. 힘과 권력에 의지하는 것은 정의와 거리가 멀지요. 따라서 소유권을 핵심으로 하는 자유주의는 설득력이 약해요.
3. 자유 지상주의의 배타적이며 일방적인 자유는 겉보기에는 다른 사람의 자유를 침해하지는 않아도 실제로는 다른 사람의 불평등이나 부자유를 가져오기도 해요. 즉, 자유 지상주의는 자유를 위해 자유를 제약해야 하는 모순을 안고 있어요.

평등주의의 문제

1. 자유는 자발적이고 능동적으로 활동하는 것인데, 공동체를 우선하는 평등주의를 따르면 기본권인 자유가 침해됩니다.

2. 평등주의에 맞춘 정의를 실현하기 위해서는 '필요에 따라 골고루 나누어 줄' 만큼 생산물이 충분히 있어야겠죠. 그런데 평등주의는 특성상 사람들의 일하고자 하는 의욕을 떨어뜨리고 능률이 저하되기 때문에 생산성이 낮아질 수 있어요. 그렇게 되면 정의 실현을 위한 전제 조건을 만족시키기 어렵게 되겠죠.

3. 평등주의가 개인의 소유권을 부정하는 이유는 개인 소유물은 모두 자연물에서 비롯된 것이라고 생각하기 때문입니다. 자연물은 누구나 공유할 수 있기에 개인이 소유할 수 없다는 것이지요. 그러나 무분별한 자연 착취에 의존하는 산업 구조는 생산의 근원인 자연을 황폐화시키고 고갈시키는 모순을 안고 있어요.

즐거운 독서 퀴즈

1 우진이는 아빠와 노동자 파업에 대해 이야기하다가 빛나와 나눔이를 떠올려요. 환경 미화 때문에 주번 활동을 할 수 없다는 빛나와 주번 활동을 해야 한다는 나눔이가 다툰 것이죠. (   ) 안에 알맞은 말을 넣어 보세요.

"근로자의 임금과 복지 향상에 대한 방법을 정부가 모든 회사에 일률적으로 적용할 수도 있고, 아니면 최선의 노력을 하는 선에서 경영자의 재량에 맡길 수 있겠지. 이 두 가지 방법을 사회가 선택할 수 있다면 조금 더 쉽게 일이 풀리겠지?"

"둘 다 별로 나쁘지 않은 것 같아요!"

"맞아. 둘 다 정의로운 방법일 수 있어. 다만 자유냐, 평등이냐를 두고 서로 대립하는 거란다."

자유와 평등?

맞아요. 빛나가 (   )를 원했다면, 나눔이는 (   )을 원했던 것이죠. 빛나의 (   )가 나눔이의 입장에서는 (   )한 것이었어요.

정답

자유 - 평등 - 자유 - 불평등

2 다음의 개념과 이에 알맞은 용어를 선으로 연결해 보세요.

개인의 정신적, 사회적 활동의 자유를 증대시키려는 사상 · · 공리주의

최대 다수의 최대 행복 · · 자유주의

모든 사람은 동등하며 균등한 기회를 가져야 한다는 사상 · · 평등주의

법이나 이익 배분의 정당성을 평가해 주는 기준이 되는 원리 · · 정의

정답

- 개인의 정신적, 사회적 활동의 자유를 증대시키려는 사상 - 자유주의
- 최대 다수의 최대 행복 - 공리주의
- 모든 사람은 동등하며 균등한 기회를 가져야 한다는 사상 - 평등주의
- 법이나 이익 배분의 정당성을 평가해 주는 기준이 되는 원리 - 정의

3 다음은 자유주의와 평등주의의 문제를 정리한 문장이에요. 각 문장이 자유주의에 해당하면 ○, 평등주의에 해당하면 △ 표시를 해 보세요.

❶ 개인의 자유만 강조하다 보면 개인 이기주의로 바뀔 수 있어요.
( )

❷ 힘과 권력에 의해 생겨난 소유권을 핵심으로 하기 때문에 정의와 거리가 멀어요. ( )

❸ 공동체를 우선하기 때문에 기본권인 자유가 침해돼요. ( )

❹ 자유 지상주의는 자유를 위해 자유를 제약해야 하는 모순을 안고 있어요. ( )

❺ 사람들의 일하고자 하는 의욕을 떨어뜨리고 능률이 저하되기 때문에 생산성이 낮아질 수 있어요. ( )

❻ 개인의 소유권을 부정하는 이유는 개인 소유물은 모두 자연물에서 비롯된 것이라고 생각하기 때문이에요. 자연물은 누구나 공유할 수 있기에 개인이 소유할 수 없다는 것이지요. ( )

정답

❹ ○ ❺ △ ❻ △
❶ ○ ❷ ○ ❸ △

탁월성은 인간 발전의 조건이며,
따라서 그것은 모든 이의 관점에서 볼 때 선이 된다.

— 존 롤스, 『정의론』

4
공정한 분배를 위한 정의로운 방법

환경 미화 심사일이 얼마 남지 않았는데,
문제가 하나 있었어요. 다른 것은 다 마음에 드는데
커튼을 예쁘게 묶기가 너무 힘들었어요.
우리는 할 수 없이 커튼 묶는 솜씨가 뛰어난
다른 반 친구 최소라한테 부탁하기로 했어요.
소라와 친한 공리가 점심시간에 소라를 데려와
문제를 해결해 주었어요.
그동안 우리가 열심히 환경 미화를 준비하는 걸
그저 지켜보기만 했던 공리.
어쩌면 내 생각보다 더 괜찮은 아이일지도
모른다는 생각이 들어요.

공리가 반장일 수밖에 없는 이유

드디어 환경 미화 심사일이 다가왔어요. 우리 반은 전교에서 일등을 하기 위해 그동안 많은 노력을 했어요. 그런데 다른 것은 다 마음에 드는데 커튼이 마음이 들지 않았어요. 우리 학교에서는 보통 노란색 계열 커튼을 똑같이 사용해요. 우리 반도 노란색 커튼을 규정대로 맞췄어요. 그런데 커튼을 얼마나 멋지게 잘 묶느냐가 문제였어요.

담임 선생님을 포함해서 많은 아이들이 자기가 잘 묶을 수 있다며 시도해 보았어요. 그런데도 멋지고 예쁜 커튼 모양이 나오지 않았어요.

"아, 정말 커튼 때문에 미치겠다."

왕빛나도 나와 같은 생각이었어요.

"작년에 우리 반 최소라라는 애가 커튼을 정말 잘 묶었는데. 어떻게 이번 반에는 커튼 하나 제대로 묶을 줄 아는 애가 없냐?"

왕빛나는 그동안 여러모로 수고를 했어요. 환경 미화 때 제일 고생하는 사람이 바로 미화부장이죠. 빛나는 입만 열면 말이 영 예쁘지가 않고 말솜씨도 없어요. 말을 할 때나 행동을 할 때 약간의 신경질이 섞여 있어요.

"아무래도 최소라한테 부탁해야겠다."

빛나가 이렇게 말했어요.

나는 웬만하면 우리 반에서 모든 걸 해결하고 싶었지만, 방법이 없다면 다른 반 아이의 도움을 받을 수도 있다고 생각했어요. 그런데 문제가 있었어요. 빛나가 소라와 친하지 않다는 거예요. 소라의 마음을 움직일 사람은 공리밖에 없었어요.

"우진아, 너도 알잖아. 내가 애들한테 말을 잘 못하는 거."

빛나가 말했어요. 빛나가 솔직한 구석은 있어요.

"그럼 내가 공리한테 부탁해서 소라 좀 데려오라고 할까?"

빛나는 내 동의를 얻고 싶은 것 같았어요.

"걔가 그렇게 잘해? 정 그러고 싶으면 그렇게 해."

사실 나는 아무 상관이 없었어요. 걱정인 건 공리가 우리의 부탁을 과연 들어줄까, 하는 거지요. 반장 자리에서 물러난 후 공리는 우리가 열심히 환경 미화 하는 동안 그저 옆에서 지켜보기만 했어요. 그렇다고 슬퍼 보인다거나 화난 표정을 짓는 것은 아니었고, 항상 뭔가 깊은 생각에 빠진 사람처럼 우리들의 행동을 주시하고 있었어요.

공리는 열흘 동안 혼자서 다니는 적이 많았고, 가끔 빛나와 뭐라고 얘기할 뿐 다른 일에는 전혀 참여하지 않았어요. 아이들과 심하게 싸우고 나서 자기를 반장으로 뽑아 준 아이들이 자신을 원하지 않는다는 사실을 그냥 받아들이기로 한 것 같아요. 공리에게는 그 일이 상처가 되었겠지요.

그렇지만 이번 문제에 대해서는 공리도 우리와 같은 생각인가 봐요.

"알았어."

공리는 빛나의 말을 듣더니 점심시간인데 밥도 먹지 않고 곧바로 빛나와 함께 최소라를 찾아갔어요.

최소라를 찾아내서 우리 반으로 데려왔을 때 아이들은

미처 점심 식사를 마치지 못했어요. 그런데 빛나와 공리가 소라와 함께 뒷문을 열고 들어오자 아이들은 먹고 있던 밥도 내버려 둔 채 그저 세 친구를 지켜보았어요.

공리는 그런 아이들의 반응을 마음에 걸려 하는 것 같았어요.

"이건, 내가 반장이라서 하는 게 아니야. 그냥 우리 반 일이라서 같이 하는 것뿐이야."

공리의 말은 모든 아이들에게 하는 말이 아니라 부반장인 나와 임원인 미래, 강인이 그리고 나를 도와준 나눔이에게 하는 말 같았어요.

우리들은 공리의 말을 듣는 순간, 공리가 참 괜찮은 애라는 생각을 했어요. 역시 반장다운 카리스마가 있고 공부까지 잘하던 그 공리가 맞았어요. 공리와 빛나가 데려온 소라는 아무 말도 없이 그냥 커튼을 보더니 피식 웃었어요.

"뭐야, 저렇게 묶어 놓고 심사를 하려고 했단 말이야?"

소라도 빛나와 공리처럼 자신 있는 말투였어요. 그러더니 재빠른 손놀림으로 커튼을 매만지기 시작했어요. 소라의 손놀림은 다른 아이들과는 전혀 달랐어요. 빛나가 이것저것 물건을 만들어 낼 때의 그 화려함과 또 다른 손놀림이었어요.

소라의 커튼 묶는 솜씨가 놀라운 것은 다른 사람들은 커튼을 그냥 길게 축 늘어지게 매는데, 소라는 커튼을 가지고 종이로 부채를 접은 것처럼 만들어 놓았다는 점이에요. 똑같은 크기와 모양으로 커튼의 왼쪽, 오른쪽을 접어 놓았는데, 한 번 손으로 접을 때마다 자기 검지만큼 재면서 척척 그 일을 해 나갔어요.

　잠시 후, 전과는 비교도 되지 않을 정도로 예뻐진 커튼이 눈에 들어왔어요.

　'아, 이래서 빛나와 공리가 이 아이를 찾았던 거구나!'

　주위에 몰려 있던 임원 아이들 모두 크게 박수를 치고 환호했어요.

　"이 정도면 되겠지?"

　소라가 우리 쪽을 바라보며 말했어요.

　우리는 고개를 끄덕이면서 소라의 재주가 신기하다는 표정을 지어 보였어요. 그리고 나는 기쁜 마음에 소라에게 악수까지 청했어요. 그랬더니 소라는 내 손을 맞잡으며 같이 기쁘게 웃어 주었어요.

　"야, 너희 반보다 덜 예쁘게 한 건 아니지?"

　빛나는 약간 불만족스럽다는 말투로 소라의 마음을 떠보

려는 듯이 말했어요. 이런 빛나의 말투가 이제는 싫지 않게 느껴졌어요. 이런 말투는 상대방을 잘 알고 있을 때, 혹은 친할 때나 가능하다는 것을 알게 됐기 때문이에요.

"나를 어떻게 보고! 난 커튼을 맬 때 늘 최선을 다한다고."

소라는 프로 의식 같은 것이 있어 보였어요. 남의 반 커튼을 묶는데도 아까처럼 빠르지만 하나하나 정성을 들여서 하고 있었어요. 소라 덕분에 두 개의 커튼이 창을 멋지게 장식해 주었어요.

"작년에 워낙 잘해서 그렇지! 내가 너를 모르냐?"

빛나도 마음에 든다는 듯이 소라의 어깨를 토닥거리면서 말했어요.

"우리 반이 일등 하면 알지? 내가 특별히 쏜다."

공리는 꼭 같은 반 학생에게 말하듯이 소라에게 말했어요.

소라도 빛나나 공리의 말이 싫지 않은 것 같았어요. 그녀들은 그렇게 자기들 방식대로 이야기를 하면서 아이들의 반응은 신경 쓰지 않았어요. 그러다가 공리가 우리 쪽을 한번 쳐다보았어요. 그러나 공리는 그냥 살짝 웃어 보이고는 다시 자기 자리로 돌아가 수학 문제를 풀기 시작했어요.

소라는 우리 반이 일등을 하면 커튼 점수는 모두 자기 덕인 줄 알라는 말을 남기고 사라졌어요. 역시 소라도 빛나나 공리와 같은 과네요. 약간 잘난 척하는 것 같아 보이지만 그런 모습은 사실 자기가 갖고 있는 자신감에서 나오는 것이었어요.

   친구들의 그런 모습을 보며 학교에서 그들이 왜 그렇게 인기가 있는지를 알게 되었어요. 그리고 왜 공리가 반장일 수밖에 없었는지도 이해할 수 있게 되었어요.

최선을 다한 우리 반, 아자!

문제가 되었던 커튼까지 예쁘게 장식하고 우리는 겨우 마음을 놓았어요. 아이들은 점심을 먹고 나서도 돌아다니지 않고 조용히 앉아서 함께 만든 소품들을 다시 정리했어요.

그동안 나도 모르게 스트레스를 많이 받았던 것 같아요. 졸지에 반장 역할을 맡곤 아이들을 잘 이끌 수 있을지 걱정했고, 아이들 사이에서 일어난 다툼을 말리는 일도 쉽지는 않았지요. 우리들이 스스로 생각하고 행동하도록 모든 걸 맡기신 선생님의 기대를 저버리지는 않을까 하는, 보이지 않는 부담이 우리를 더 성장하게 만들었다는 생각이 들었어요. 나는 요 며칠간의 일을 두고두고 잊지 못할 것 같아요.

모든 수업이 끝나고 청소까지 마쳤어요. 규정대로라면 청소를 하고 나면 모두 집에 돌아가야 하는데, 환경 미화 심사가 걱정돼서 그냥 집에 갈 수가 없었어요.

"야, 우리 그냥 남아서 심사하는 거 보면 안 될까? 조용히만 하면 되잖아."

미래가 임원 아이들을 향해 말했어요.

"난 오늘 태권도 빠지면 안 되는데……."

강인이는 태권도 학원에 다니는데 그동안 학원을 너무 많이 빠져서 부모님께 혼이 났다고 했어요. 그런데도 늘 청소를 마치고 정리까지 하고 나서야 집에 가는 강인이었어요.

"좋을 대로 해. 부반장! 나는 남을래. 만약에 뭐라도 망가지면 내가 다 손봐야 하잖아."

왕빛나가 말했어요.

"나도 남을래. 학원 가기 싫다."

나눔이가 학원에 가기 싫어서 남는다고 하자 미래와 강인이, 그리고 빛나까지 일제히 웃음을 터뜨렸어요. 나눔이가 듬직하기만 한 줄 알았더니 유머 감각까지 있었네요.

"그래, 그럼 남을 사람 몇 명만 남자. 괜찮을 거야."

다른 반 아이들도 우리처럼 걱정이 되었는지 한 반에 몇 명씩 남아서 자기 반을 지키고 있었어요. 또 어떤 아이들은 선생님이 채점하시는 곳마다 따라 다니기도 했어요.

드디어 우리 층에서도 선생님들이 종이를 들고 이 교실 저 교실 돌아다니시는 모습이 목격되었어요. 아마 저 선생님들이 매긴 점수를 합산하여 일등 반이 결정되면 수상한 아이들은 상장과 문화 상품권과 떡볶이 교환권을 받게 될 거예요.

환경 미화에서 일등을 한다면 더없이 좋겠지만 전 그것과 상관없이 환경 미화를 통해 친구들 사이가 좋아져서 기뻤어요. 물론 공리에게 조금은 미안하기도 했지만, 공리도 소라를 불러 주면서 뒤에서 우리를 도왔기 때문에 그것만으로도 마음이 놓였어요.

드디어 환경 미화 심사 결과 발표 날이 되었어요. 조회가 있는 목요일 오전, 모든 학생들이 운동장으로 나갔어요. 교장 선생님의 긴 훈화와 대회에서 수상한 아이들의 시상이 끝나고, 교내에서 주최한 환경 미화 심사 결과를 발표하는 순서가 되었어요.

나는 심장이 너무 뛰어서 어떻게 해야 할지 몰랐어요. 각 반 앞에 서 계시는 선생님들 표정만 봐서는 어떤 반이 일등을 할지 가늠이 되지 않았어요.

　우리 담임 선생님의 표정은 밝아 보였어요. 괜히 선생님 얼굴을 보니까 기분이 좋아졌어요. 우리에게 너무나 만족해하시는 표정이었어요.

　"이번 환경 심사에서 3등을 한 반을 부르겠어요. 이번 환경 미화 3등은 2학년 3반입니다. 축하합니다. 대표로 반장 나오세요."

　선생님 말씀이 끝나자마자 작은 키에 안경을 쓴 2학년 3반의 반장이 뛰어나갔어요.

　"다음은 일등과 2등을 동시에 부르겠어요. 호명된 반의 반장들은 교장 선생님 앞으로 나와 주세요."

　우리 반 학생들은 두근두근하며 잔뜩 기대를 하고 있었어요. 그런데 나는 그 순간, 만약 호명이 된다면 반장 자리가 공석인데 어떡하나, 하는 생각이 들었어요.

　"5학년 4반과 6학년 7반 반장 나오세요."

　'야호, 둘 중 하나는 일등이네?'

　나는 적어도 2등 이상을 했다는 안도감에 기분이 좋았어요. 다만 6학년 형들과의 경쟁에서 이겨야 한다는 사실이 조금 두렵기는 했어요.

그런데 다음 순간 내 모든 생각은 멈춰 버렸어요. 걱정하던 대로 우리 반에서는 아무도 뛰어나가지 않았어요. 반장 자리는 공석이고, 부반장인 내가 반장 역할을 하기는 했지만 진짜 반장도 아닌데 마음대로 나갈 수는 없었어요.

담임 선생님께서 이런 나의 기분을 아셨나 봐요. 우왕좌왕 어떻게 할지를 몰라 하고 있는 우리 반을 향해 선생님이 크게 소리치셨어요.

"제일 수고한 왕빛나가 나와!"

역시 선생님은 나의 고민, 아이들의 고민, 공리의 고민까지 단박에 해결해 주셨어요. 하지만 그 자신감에 넘치던 빛나도 조금은 꺼려졌는지 공리와 내 얼굴을 한 번씩 쳐다보았어요.

나는 정말 잘되었다는 표정으로 빛나를 보았어요. 공리 역시 밝게 웃으면서 어서 나가라고 빛나의 등을 떠밀었어요. 결국 빛나는 교장 선생님 앞으로 달려 나갔어요. 빛나가 나가자 마이크에서는 이런 소리가 흘러나왔어요.

"이번 환경 미화 일등은 6학년 7반입니다. 축하합니다."

아이들과 선생님들의 박수 소리가 온 운동장에 울려 퍼졌어요. 우리 반 아이들은 실망한 표정이 역력했어요. 상품권을 못 받아서 아쉽기도 했지만, 그동안 열심히 노력했는데 일등을 못 했다는 사실이 안타까웠겠지요.

무지의 베일을 통한 케이크 원리

그동안 너무 많은 기대를 했었나 봐요. 아이들이 실망해서 풀이 죽어 있자 담임 선생님은 케이크를 다섯 상자나 사 오셨어요. 열심히 했지만 상을 받지 못해 실망한 아이들을 위로하기 위해서였어요. 케이크를 보자마자 아이들의 얼굴에는 다시 생기가 돌았어요.

"나는 떡볶이보다 케이크가 더 좋아."

강인이는 이렇게 말하면서 입맛을 다셨어요. 아이들은 한 조각이라도 더 먹기 위해 케이크 쪽으로 달려들었어요. 선생님은 우리들에게 똑같이 나누어 먹으라고 하시면서 젓가락 30개와 접시 30개, 종이컵과 음료수를 주고 가셨어요.

그러자 막 달려들었던 아이들이 아무도 케이크를 건들지 못하고 케이크 상자만 보고 있었어요.

"음, 이걸 어떻게 똑같이 나누지?"

케이크를 뚫어지게 바라보던 나눔이가 말했어요. 그러자 강인이가 대답했어요.

"그냥 아무나 잘 자르면 되지. 아니면 자르지 말고 그냥 퍼 먹을까?"

"그러지 말고 이런 방법은 어떨까?"

나는 아이들에게 제안을 하나 하기로 했어요. 아이들은 모두 나를 바라보았어요.

"일단 여섯 명씩 한 조를 만들고 각 조에서 한 명이 케이크를 여섯 조각으로 자르는 거야. 그리고 한 조 여섯 명이서 서로 가위바위보를 하는 거지. 그래서 이기는 사람이 먼저 케이크 조각을 선택하는 거야. 그러면 자르는 사람은 자기가 가위바위보에서 이길지 질지 모르니까 최대한 공평하게 케이크를 자르겠지."

"그래. 어떻게 하든 얼른 케이크 좀 먹게 빨리 나누자."

성격 급한 나눔이는 벌써 젓가락과 접시를 들고 줄을 섰어요.

"자, 그럼 먼저 임원들은 케이크 상자를 하나씩 들고 맨 앞으로 나와."

내가 이렇게 말하자 미래와 강인이, 빛나가 케이크 상자를 하나씩 들고 나왔어요.

"반장! 지금은 공석이라도 우린 원래 다섯 명이서 시작했으니까 너도 나와서 도와줘."

내가 공리를 보면서 빨리 나오라고 재촉하자 공리는 약간은 머뭇거리는 듯하다가 케이크를 기다리고 있는 아이들 때문인지 케이크 상자를 하나 들고 나왔어요. 나도 케이크 상자를 하나 들고 앞쪽에 자리를 잡았어요.

"자, 그럼 케이크 상자를 열고, 모두 임원들 뒤에 다섯 명씩 서서 기다려."

아이들은 일제히 내 말을 따라 주었어요. 처음에는 한 줄에 일곱 명이 되기도 하고, 어떤 줄에는 아이들이 많이 안 가서 세 명이 되기도 했어요. 그렇지만 아이들은 곧 내 주문대로 다섯 명씩 맞추어 섰어요.

"자, 그럼 케이크를 열어 볼까?"

내가 이 말을 하자 임원들은 일제히 손톱으로 스티커를 떼어 내고 상자 안에 든 케이크를 꺼내서 상자 위로 올렸어요. 그리고 정성스럽게 케이크를 등분하여 여섯 조각을 만들었어요.

임원들이 케이크를 자르는 동안 한 친구가 재미있는 말을 했어요.

"아까 나는 내가 좋아하는 치즈 케이크 쪽으로 달려가려고 중간에 서 있었는데."

하하하! 맞아요. 만약 케이크 종류가 다 달랐다면 아이들은 자기가 좋아하는 쪽으로 달려가느라 큰일이 났을 거예요.

"너도 그랬냐? 난 초콜릿 케이크 쪽으로 달려가려고 했는데."

나눔이도 그런 생각을 하고 있었나 봐요. 그런데 다행스럽게도 모두 고구마 케이크였어요. 선생님은 우리들의 마음까지 헤아리셨는지 전부 같은 종류의 케이크를 사 가지고 오신 거예요.

"자, 나는 다 잘랐어. 이제 가위바위보를 하자."

빛나가 말했어요. 빛나의 줄에 선 아이들은 가위바위보를 했어요. 가위바위보를 해서 첫 번째로 이긴 아이는 처음엔 신중히 고민해서 고르려고 했어요. 하지만 케이크는 거의 같은 크기였기 때문에 재고 고를 것이 없었어요. 두 번째, 세 번째로 이긴 아이들도 똑같았어요.

"야, 케이크 크기가 정말 똑같다. 똑같은 크기로 자르겠다고 지나치게 애쓴 거 아냐? 가끔 큰 게 나와 줘야지 기분이 좋은데."

나눔이가 케이크를 고르면서 이렇게 말했어요. 그런데 나눔이가 이상해요. 왜 내 뒤에 서지 않고 빛나의 줄에 서 있는 걸까요? 처음에는 그냥 어쩌다 보니 그렇게 됐겠지 했는데 빛나 바로 뒤에 서 있는 걸로 보아서 의도적인 것이 분명했어요. 혹시 나눔이 녀석, 그렇게 빛나한테 못되게 굴더니 사실은 빛나를 좋아하는 거 아닐까요?

얼마 후 선생님께서 교실로 돌아오셨어요. 선생님은 케이크를 즐겁게 나눠 먹고 있는 아이들을 보면서 흡족해하셨어요.

"아니, 그런데 어떤 방법으로 이렇게 모두 즐겁게 케이크를 나누어 먹은 거니?"

"우진이가 좋은 방법을 알려 줬어요. 여섯 명씩 조를 나누고, 임원들이 나가서 케이크를 여섯 조각으로 자르는 거예요. 그다음에 조원들끼리 가위바위보를 해서 이긴 사람부터 케이크를 골라 먹기로 했죠."

선생님이 케이크를 나누어 먹은 방법을 궁금해하자 빛나는 내가 제안한 방법을 말씀드렸어요.

"최우진, 좋은 생각을 했구나. 그런데 어떻게 그런 생각을 하게 된 거니?"

"선생님께서 저번에 힘든 결정을 할 때에는 그 상황에서 최선의 방법이 무엇인지를 생각하라고 하셨잖아요?"

나는 일어나서 그 방법을 떠올리게 된 과정을 말했어요.

"우리 반이 정해 놓은 규칙 안에서 자신들이 해야 할 의무를 다해서 얻을 수 있었던 선물이 바로 선생님이 주신 케이크였어요. 그걸 똑같이 나누는 것은 정말 당연한 일인데, 그 방법이 문제였지요. 그런데 저번에 선생님께서 해 주신 말이 떠올랐어요. 무지의 베일을 쓴 상황에서 가장 나쁜 상태의 입장을 생각해 보는 것 말이에요."

선생님은 내 대답을 듣고 고개를 끄덕이셨고, 아이들도 케이크를 먹으면서 내 말을 열심히 들어 주었어요.

"우리 모두는 케이크를 한 조각씩 가질 수 있는 기회가 균등하게 주어졌어요. 그런데 우리는 남보다 더 큰 케이크 조각을 먹을 수 있길 바라죠. 최대한 똑같은 크기로 잘라야 하는데, 자르는 사람의 역할이 아주 중요해요. 그런데 자르는 사람이 케이크를 먼저 집어 갈 수 있다면 자기가 선택할 것을 크게 자르겠죠. 따라서 케이크를 자르는 사람이 누가 먼저 케이크 조각을 선택할지 모르는 상태라면, 또 자기가 제일 마지막으로 선택할 수도 있는 상태가 된다면, 그 사람은 케이크를 최대한 똑같은 크기로 자를 거라고 생각했어요."

"우진이가 존 롤스의 계약주의 정의론을 적절하게 사용했구나. 얘들아, 케이크 맛있니?"

선생님께서는 아이들을 향해 말씀하셨어요.

"네!"

아이들 몇 명은 신나서 대답했고, 대부분의 아이들도 선생님 얼굴을 보면서 고개를 끄덕거렸어요.

"네, 잘 먹었어요."

강인이가 선생님께 감사 인사를 했어요. 그러자 몇몇 아이들이 "잘 먹었습니다!" 하고 덩달아 말했어요.

"하하, 선생님은 그 말을 들으려고 물어본 게 아니야. 선생님은 지금 우진이 말에 감동받아서 너희들에게 존 롤스의 이론에 대해 말해 주려고 말을 꺼낸 거란다. 그렇지만 감사하다고 하니 선생님도 너희들에게 고맙구나."

선생님은 이렇게 말씀하시고는 말을 계속하셨어요.

"환경 미화 준비하느라 애들 많이 썼지? 일등을 해서 상품권을 받는 것도 좋은 일이야. 그렇지만 그걸 받기 위해 우리 반만 해도 몇몇 친구들이 너무 고생했어. 이것저것 만들고 하느라고 밤도 새고 말이다. 그 몇 명의 자유를 빼앗으면서 우리들이 일등 하는 게 뭐가 좋겠니?"

선생님은 임원 아이들을 쳐다보면서 말씀하셨어요.

"물론 자유도, 공동체 생활을 위한 평등도 사회 정의를 위해서는 다 중요한 거란다. 잘못된 것이라고 할 수는 없지. 하지만 자유 혹은 평등 어느 것 하나만을 따라서는 안 된단다. 사회 공동체 안에서 약속과 규칙을 정하고, 자유를 유지하면서 최대한 많은 사람들이 평등한 삶을 살아가도록 하는 것이 가장 정의로운 사회야. 이건 존 롤스라는 철학자가 생각해 낸 정의론이란다."

존 롤스, 저번에 선생님께서 잠깐 얘기해 주셨던 사람이에요.

"여러분이 케이크를 공평하게 잘라 먹을 수 있었던 것에 대해서 얘기해 볼까? 케이크를 그렇게 나누어 먹은 것은 참 잘했어요. 우리 반의 규칙과 의무를 성실히 지켜 나가면서 함께 얻게 된 케이크를 공평하게 나누어 모든 사람이 다 평등하려고 애쓴 것 말이야. 그건 참 정의로운 행동이거든.”

"우진이가 먼저 그런 생각을 했으니까 우진이는 정의로운 사람인 거네요?"

나눔이가 말했어요.

"물론 우진이가 공정한 배분을 위해 한 행동은 정의로운 거지. 너희들도 다 그런 뜻을 알고 함께 행동했잖니. 그러니까 너희도 모두 정의로운 사람인 거야."

그러자 아이들은 모두 웃었어요. 선생님은 계속 말씀하셨어요.

"자기가 큰 몫과 작은 몫 중 하나를 가질 수 있다는 가능성이 있다고 할 때, 큰 위험을 감수하더라도 큰 몫의 가능성에 희망을 거는 사람도 있겠지?"

"네? 그게 무슨 말씀이세요?"

케이크를 얌전하게 먹고 있던 빛나가 물었어요.

"예를 들어 빛나는 지금 모두와 같은 크기의 케이크를 먹고 있어. 저 케이크는 빛나가 잘랐다고 했지? 근데 빛나가 더 큰 케이크 조각을 먹고 싶어서, 조각 크기를 다르게 해서 잘랐다고 생각해 보렴. 만약 가위바위보에서 이기면 큰 조각을 얻을 수 있다는 데 희망을 건 거야. 대신 가위바위보에

서 지면 가장 작은 케이크를 먹을 수도 있다는 위험을 감수하고서 말이지."

"아, 그럼 큰 케이크에 대한 희망 때문에 케이크를 자른 다음 가위바위보를 해서 나눠 먹자는 규칙에 반대하는 사람들도 있겠네요?"

나는 내가 낸 의견에 모든 친구들이 쉽게 동의해 줘서 반대 입장이 있을 거라는 생각은 하지 못했어요. 그런데 선생님 말씀을 들어 보니 혹시 잘못해서 작은 조각을 먹게 될 수도 있다고 하더라도, 아주 큰 조각을 먹을 수 있는 기회를 얻고 싶어서 제 의견에 반대할 수도 있겠다는 생각이 들었어요. 그래서 선생님께 다시 물었더니 바로 자세히 대답해 주셨어요.

"그렇지. 좀 더 모험적인 결단과 실행이 필요할 수도 있는데, 지나치게 안전한 길로만 간다는 게 존 롤스가 주장한 계약주의 정의론의 문제점이기도 하단다. 계약주의 정의론에 따르는 사람들은 열심히 일하지도 않고 계속 낙관적인 생각과 행동만 할 수가 있어. 하지만 이런 존 롤스의 계약주의 정의론은 자유와 평등의 이율배반적인 요소를 조화시키기 위한 노력이란다. 즉, 계약주의 정의론은 시장 경제 자본주의의 문제점과 사회주의의 문제점을 동시에 해결할 수 있는 방법이야. 그러니까 우리 반은 자유와 평등의 사이에서 중심을 잘 잡았다고 할 수 있지."

"우아! 그럼 저희 잘한 거 맞죠? 저, 선생님! 케이크도 좋은데요, 떡볶이도 사 주시면 안 될까요?"

나눔이가 우리 반이 자유와 평등의 중심을 잘 잡았다는 선생님의 말씀을 듣더니 신나 하면서 너스레를 떨었어요.

"좋아! 선생님이 이번 주 토요일 점심에 즉석 떡볶이를 사 주마."

선생님은 웃으며 우리들에게 떡볶이를 약속하셨어요.

"그건 그렇고, 우리 반이 해결해야 할 일이 하나 남아 있구나. 우리 반의 반장 자리는 어떻게 할 거니? 다시 선거를 할까?"

선생님은 우리들 대답을 기다리시는 것 같았어요. 그러나 아이들은 확실하게 대답하기가 어려워 보였어요. 왜냐하면 아이들도 환경 미화 심사를 하면서 공리가 괜찮은 아이이긴 한데 약간의 욕심이 문제였다는 것을 알았기 때문이에요. 그것만 고친다면 공리는 정말 좋은 반장이 될 거예요.

나는 왜 윤성이가 공리를 좋아했는지 알 것 같았어요. 그리고 왜 내게 공리를 보여 주지 않고 혼자만 보려고 했는지도 말이죠.

"공리는 정식 선거를 통해 뽑혔으니, 공리에게 한 번 더 기회를 주어야 한다고 생각해요."

나는 일어나서 말했어요.

"그리고 공리는 저희와 한 약속도 성실하게 지켰어요."

빛나도 나의 말에 동조했어요. 그래서 우리 반은 처음 뽑았던 그대로 임원과 반의 규칙을 유지하면서 한 학기를 보내기로 했어요. 선거는 2학기가 되면 다시 하기로 했지요.

네 생각은 어때?

아이들은 선생님이 선물한 케이크를 어떻게 나눌지 고민하다가 방법을 생각해 내죠. 한 사람이 여섯 조각으로 나누고 가위바위보를 해서 이긴 사람이 먼저 케이크 조각을 선택하기로요. 하지만 케이크를 자른 사람이 제일 늦게 케이크 조각을 선택하는 방법이 더 공정하지 않을까요? 존 롤스의 정의의 원칙에 비추어 어떤 방법이 더 공정할지 자신의 생각을 이야기해 보세요. ▶풀이는 181쪽에

현진아, 오빠 정의롭지?

"우진아! 얘가 또 늦게 일어나려고 그러니? 어서 안 일어나?"

엄마는 아침부터 목소리를 크게 내면서 내 방으로 가셨어요. 하지만 나는 그곳에 없답니다. 벌써 아침 먹을 준비는 다 되었는걸요. 엄마는 식사를 준비하느라 내가 일어나 움직이는 것을 보지 못하셨어요.

"아니, 얘가 어디 갔지?"

나는 텔레비전 옆에 놓여 있는 현진이 사진을 보고 있었어요. 오늘도 여전히 미소만 짓고 있네요.

'현진아, 하늘나라는 좋아? 싸움도, 질투도, 슬픔도 없는 곳이겠지? 그곳에 있는 모든 사람은 서로를 배려하면서 함께 나누고 보살펴 줄 것 같아. 서로 질서와 규칙을 지키고 공정한 절차로 사회가 유지되겠지? 우리 5학년 4반처럼 말이야. 히히!'

환경 미화를 통해 선생님과 반 친구들은 모두 하나가 되었어요. 우리들은 우리들 나름의 규칙을 만들었고, 그것을 통해 서로의 의무를 다했어요. 그리고 케이크의 원리처럼 어떤 것이든 공평하게 나누어 가지는 법도 배웠어요. 이것이 바로 존 롤스가 말한 계약주의 정의론일 거예요.

물론 이 이론에 문제가 없는 것은 아니래요. 그래도 계약주의 정의론이 현재에 가장 적합한 최선의 방법이 아닐까 하는 생각이 들어요.

아! 부반장인 나 최우진은 2학기 때 어떻게 되었냐고요? 사실 그게 말이죠, 지난 학기의 케이크 사건 때문에 아이들의 인기를 한 몸에 받게 되었답니다. 그래서 2학기가 되어 아이들의 지지를 얻어 반장이 되었고요. 공리는 1학기 동안 열심히 우리 반을 위해 일해 주었고, 현재는 부반장이에요. 반장과 부반장을 서로 한 번씩 번갈아 가면서 하게 된 것이죠.

나는 공리와 친해진 것도 좋고, 정의로운 사람이 되겠다는 꿈을 갖게 돼서 더 좋아요. 그리고 많은 사람들이 우리처럼 대화와 타협을 통해 좋은 결과를 이루어 내는 가치 있는 경험을 해 보길 바라요.

'현진아, 어때? 오빠 진짜 정의롭지?'

철학자의 생각

공정한 분배를 위한 계약주의 정의론

존 롤스의 계약주의 정의론

공리주의는 복지 사회의 길잡이가 되는 이론입니다. 하지만 사회 전체의 복지를 명분으로 개인의 인권을 무시하는 전체주의적 성향이 있어요. 그러나 자유와 평등은 공리주의의 목적인 복지보다 우선합니다. 그렇기 때문에 공리주의를 비판하는 이론이 나오게 되는데, 자유와 평등 중 어느 것에 무게를 두느냐에 따라 자유주의와 평등주의가 생겨요. 자유와 평등은 서로 대립하는 성향이 있어서 둘을 조화시키는 것은 쉬운 일이 아니지요.

그러나 자유와 평등을 절묘하게 조화시킨 정의론을 제시한 철학자가 있어요. 바로 존 롤스입니다. 존 롤스의 정의론이 돋보이는 이유는 서로 대립되는 자유와 평등을 '평등한 자유의 원칙'과 '차등의 원칙'으로 압축한 데 있어요. 뿐만 아니라 존 롤스의 정의론은 두 원칙에 알맞은 공정하고 합리적인 행동 방법까지 제시하고 있어요. 즉, 정의의 내용과 방법이 서로 조화를 이루고 있는 거죠. 따라서 그의 정의론은 무책임한 반론이나 뜬구름 잡는 이론이 아닌 바람직한 대안이 될 수 있다는 평가를 받고 있답니다.

계약주의 정의론의 두 가지 원칙

1. 평등한 자유의 원칙

　자유주의를 기초로 한 실질적인 평등을 요구합니다. 다만 기본적인 자유를 모두 보장하되 생산재의 사유(私有), 생산물의 배타적 점유, 재산의 상속과 증여의 자유는 배제해야 해요.

2. 차등의 원칙

　차등의 원칙에는 ①약자 우선 차등의 원칙과 ②공정한 기회 균등의 원칙이 있어요.

　①은 사회적 약자들이 받을 것이 분명한 최소 혜택의 값이 커지는 경우에 한해서는 불평등을 인정해요. 그 외의 경우에는 평등을 내세웁니다. 사회적 약자인 최소 수혜자를 우선적으로 배

려하는 자유주의예요. ②는 유사한 능력을 가졌다면 직업의 기회를 포함한 모든 삶의 기회가 그들이 태어난 사회적 지위와 상관없이 보장되어야 한다는 거예요.

지금까지 우리는 존 롤스의 정의론이 공리주의를 비판한 두 입장을 조화시키면서 가장 성공적인 대안을 제시한 내용이란 것을 알아보았어요. 이제부터는 공정한 절차에 의해 합의가 이루어지면 정의로 인정받을 수 있다는 존 롤스의 정의론의 방법적 측면을 알아보도록 해요. 우리가 존 롤스의 정의론을 절차주의 혹은 계약주의라 부르는 것은 '공정으로서의 정의'라는 방법적인 면을 말하는 거예요.

원초적 입장

앞서 밝힌 정의의 원칙을 실제로 나타나게 하기 위해 필요한 전제들을 '원초적 입장'이라고 해요. 다시 말하면 계약 당사자가 자유롭고 합리적인 상태에서 정의 원칙에 따라 만장일치로 합의하기 위해 필요한 도덕적 관점을 말해요. 원초적 입장을 구성하는 데는 가상의 조건 두 가지가 요구됩니다.

1. 인지적 조건

　무지의 베일. 인간 사회의 일반적 도리는 알지만 자신의 재능, 지위 등 이해관계에 영향을 미치는 개인적 자료에 대한 지식을 마치 베일로 씌우는 것처럼 없애는 가상의 도구랍니다. 무지의 베일을 씀으로써 인지적 조건을 충족할 수 있죠.

2. 동기적 조건

　자신의 이익은 극대화하지만 타인에 대해서는 원한도 없고 동정도 없어요. 최소의 이해와 관심만 가진 가장 보편적 인간의 상태를 가정함으로써 만장일치의 합의를 이끌어 냅니다.

　위의 조건을 만족시키면 원초적 입장을 가진 계약 당사자들도 합리적인 '최소-극대화'라는 방법을 선택한다는 것입니다. 그럼 '최소-극대화'가 무엇인지 알아볼까요? 우리는 누구라도 최소 수혜자(약자)가 될 수 있는 상황(무지의 베일을 쓴 상황)에서는 최악의 상황을 우선 고려합니다. 그때 우리는 최소 수혜자의 몫을 되도록 큰 쪽으로 선택한다는 것이죠.(복권을 예로 들면 일등에게 몰아주는 방식보다는 꼴찌가 되더라도 가장 덜 섭섭한 방식의 복권을 선택한다는 것) 본문에서 케이크를 자르는 상황은 무지의 베일을 쓴 원초적 입장과 최소-극대화를 두루 잘 반영하는 좋은 예입니다.

일단 하나의 케이크 앞에 여섯 명의 조원이 사이좋게 모여 앉은 것부터 생각해 보죠. 만약 어떤 학생이 개인의 자유를 외치며 혼자 케이크를 다 먹겠다고 하면 여러분은 어떤 생각이 들겠어요? 말도 안 되는 소리라고 하겠죠? 그 학생은 자유라는 개념을 잘못 생각하고 있는 거예요. 그러니까 우리는 이 상황에서 잘못된 개념의 자유주의는 없애 버리고 합리적인 '평등한 자유의 원칙'을 지키는 상태를 유지해야 해요.

한편 학생들은 케이크를 조금의 오차도 없이 완벽하게 여섯 조각으로 등분할 수는 없다는 현실을 인정했어요. 이것은 완벽하게 평등해야 한다는 생각에서 조금 양보를 한 것이고, '차등의 원칙'을 적용할 수 있는 상태이기도 합니다. 여기에 케이크를 먼저 자르고 자기 몫을 선택하는 방법은 원초적 입장을 만족시킨 공정한 분배의 실천이에요. 이를 방법 면에서 봤을 때는 공정한 절차에 따라 만장일치로 합의된 계약을 이끌고 있어요. 그리고 내용 면에서 봤을 때는 정의의 두 원칙에 알맞은 결과에 도달함으로써, 자유와 평등을 모두 보장하는 명실상부한 정의론을 제시하고 있지요.

계약주의 정의론의 문제점

　계약주의의 문제점 역시 내용과 방법 면으로 나눠 볼 수 있어요. 문제점은 그 방법이 현실에서 불가능할 수 있다는 것입니다. 예컨대 계약주의 방법론의 출발이 되는 원초적 입장은 반드시 꼭 그렇게 해야 한다는 것이 아니에요. 요구할 수도 있고 아닐 수도 있는 입장이기 때문에 만장일치를 기대하기는 어렵죠. 방법 면에서 봤을 때는 지나친 낙관이 계속 이어질 수 있어요.

　무지의 베일은 원초적 입장의 한 조건이죠. 그런데 개인의 가치관이나 재능 등을 모르는 무지의 상황이 공정한 선택의 조건이라고 할 수 있을까요? 무지의 베일과 최소-극대화 방법을 쓰지 않고, 위험을 감수하더라도 더 큰 이익을 좇는 방법은 생각할 수 없었을까요? 그러나 공정한 절차와 기회, 그리고 합의를 강조하고 자유와 평등의 조화를 추구하는 존 롤스의 정의론이 우리에게 여전히 많은 교훈을 준다는 점, 잊지 마세요.

즐거운 독서 퀴즈

1 본문에서 아이들은 여러 명이서 케이크를 나눠 먹는 방법에 대해 이야기해요. 우진이는 한 사람이 케이크를 여섯 개로 자르고, 가위바위보를 해서 이긴 사람이 먼저 케이크 조각을 선택하자고 제안하고 있어요. 케이크를 어떻게 잘라서 나누어 먹는 것이 공평할까요? 여러분의 생각을 적어 보세요.

_____

_____

_____

_____

정답

아이 사람이 먼저 케이크를 자르기 때문에 공평한 분배가 이루어지지 않을 때 케이크를 자르는 사람이 케이크를 여섯 조각으로 공평하게 나누어야 해요. 케이크를 자르는 사람은 높은 조각을 가지려 하지만, 다른 사람이 먼저 케이크를 가져갈 수 있어 공평한 분배를 해야 해요. 그러므로 자르는 사람이 케이크를 공평하게 자르지 않으면 손해를 보기 때문에 케이크를 공평하게 나누어 먹을 수 있어요.

2 아래 제시문은 존 롤스의 정의론에 대한 설명이에요. 본문 내용을 바탕으로 여러분이 이해한 존 롤스의 정의론을 설명해 보세요.

> 정의로운 사회란 첫째, 각 사람이 다른 모든 사람의 자유와 양립할 수 있는 평등한 기본적 자유를 최대한 누릴 수 있는 사회이다. 둘째, 사회적·경제적 불평등은 최소 수혜자에게 최대의 이익을 보장하되, 후세를 위한 절약의 원칙에 위배되지 않도록 조정되고, 또 그 불평등의 계기가 되는 지위는 공정한 기회 균등의 원칙에 따라 모든 사람에게 개방되는 사회이다.
>
> — 고등학교 도덕 교과서에서

• 존 롤스의 정의론은 무엇인가?

_____

_____

정답

존 롤스가 정의로운 원칙으로 첫째, 평등한 자유원칙을 해야 한다. 둘째, 최소 수혜자가 사회의 이익을 누릴 수 있는 차등의 원칙이다. 그리고 공정한 기회균등의 원칙입니다.

네 생각은 어때? 문제 풀이

 47p

　벤담은 공공의 이익에 도움이 되는 것을 정의라고 보고 있습니다. 어떤 행위가 공공의 이익을 증진시키면 정의롭다고 보고, 공공의 이익을 증진시키지 못하거나, 도리어 감소시키면 정의롭지 못하다고 봅니다. 사회를 구성하는 개인의 이익보다는 사회 전체의 이익을 중시하는 것이죠. 하지만 존 롤스는 모든 사람은 누구에게도 양보할 수 없는 동등한 권리를 가지고 있다고 주장합니다. 소수의 입장도 동등하게 고려해야 한다는 것입니다. 다른 사람들이 가지게 될 더 큰 선을 위하여 소수의 자유를 빼앗는 것은 정당화될 수 없습니다. 존 롤스는 부당한 불평등은 비판하지만 정당한 불평등은 인정합니다. 부당한 불평등이란 소수의 권리를 무시하는 처사를 말합니다. 아무리 소수에게라도 부당한 불평등이 허용된다면, 그 사회는 정의롭다고 할 수 없습니다. 그런데 사회의 최소 수혜자에게 그 불평등을 보상할 만한 이득을 가져오는 경우에는 정당한 것으로 평가합니다. 정당한 불평등을 인정한 것이죠. 소수자(강자)가 더 큰 이익을 취한다 해도 그로 인해 불운한 사람(약자)의 처지가 더 향상된다면 부정의한 것은 아니라는 주장입니다.

 85p

　반장은 반 전체의 최대 이익과 혜택, 명예 등을 위해 노력했습니다. 목적을 중요하게 생각하는 공리주의 태도지요. 반장은 일등이라는 목적을 이루기 위해서 수단과 방법을 가리지 않았어요. 환경 미화에서 이기기 위해 솜씨 좋은 다른 반 친구들의 작품을 '우리들의 솜씨'로 내세우는 것은 목적보다 먼저 지켜야 할 방법적 '옳음 규칙'을 어긴 셈입니다. 결국 아이들 개인의 자유와 그에 따른 합의와 자발적인 참여는 무시되었습니다. 그래서 아이들은 반장을 비판했고, 결국 반장에서 퇴출하려는 사건이 일어났습니다. 좋은 결과와 능률만을 생각하면 경쟁의 공정성이 지켜지지 않기 때문에 반 아이들은 반장을 비판한 것입니다.

아이들이 선택한 방법의 경우, 케이크를 자르는 사람은 자신이 가위바위보에서 이길지 질지를 알 수 없습니다. 즉 '무지의 베일'에 가려진 상태입니다. 그러므로 케이크를 자르는 사람은 최선을 다해서 똑같은 크기로 자를 것이고, 그러면 어느 누구도 선택과 결과에 대해 불만을 가질 수 없는 '최소-극대화 원리'가 지켜집니다. 따라서 존 롤스의 정신에 맞는 방법입니다.

　하지만 케이크를 자르는 사람이 제일 늦게 케이크 조각을 선택하는 경우, 자르는 사람이 먼저 케이크를 가져갈 확률이 전혀 없으므로 케이크를 더욱 똑같이 나눌 수 있는 방법입니다. 그래서 결과적으로는 더욱 공정한 분배를 이끌 가능성이 높다고 볼 수도 있습니다. 하지만 케이크를 자르는 사람이 이미 '최소 수혜자'로 결정되어 있습니다. 즉, 게임 도중에 '무지의 베일'이 일부 벗겨진 셈입니다. 그러므로 공정한 절차를 우선시하는 존 롤스의 정신에는 정확히 맞지 않는 방법입니다.

　존 롤스는 목적에 앞서 마땅히 지켜야 하는 정의의 원칙이 있다고 주장했습니다. 그리고 합의된 계약을 통해 자유를 기본으로 평등의 조건을 충족해야 한다고 했습니다. 자유와 평등을 동시에 충족시킬 수 있는 내용은 존 롤스의 '평등한 자유의 원칙'과 '차등의 원칙'이라는 두 가지 원칙으로 설명됩니다. 구체적인 방법을 얻기 위해서는 우선 '원초적 입장'과 '무지의 베일'이 필요합니다. '원초적 입장'은 계약 절차의 전제이며, '무지의 베일'은 존 롤스가 제안한 '원초적 입장'을 구성하는 데 꼭 필요한 상황 조건을 말합니다.

존 롤스가 들려주는 정의 이야기
하나를 위한 정의 모두를 위한 정의

ⓒ 오채환, 2008

초　판 1쇄 발행일 2008년 2월 29일
개정판 1쇄 발행일 2020년 4월 10일

지은이　　오채환
그림　　　김혜영
펴낸이　　정은영
편집　　　최성휘 김정택
마케팅　　이재욱 최금순 오세미 김하은
제작　　　홍동근

펴낸곳　　(주)자음과모음
출판등록　2001년 11월 28일 제2001-000259호
주소　　　04047 서울시 마포구 양화로6길 49
전화　　　편집부 (02)324-2347 경영지원부 (02)325-6047
팩스　　　편집부 (02)324-2348 경영지원부 (02)2648-1311
e-mail　　jamoteen@jamobook.com

ISBN 978-89-544-4245-9(73810)

잘못된 책은 구입처에서 교환해드립니다.
저자와의 협의하에 인지는 붙이지 않습니다.

이 도서의 국립중앙도서관 출판예정도서목록(CIP)은 서지정보유통지원시스템
홈페이지(http://seoji.nl.go.kr)와 국가자료공동목록시스템(http://www.nl.go.kr/kolisnet)에서
이용하실 수 있습니다. (CIP제어번호: CIP2020011743)

이 책은 『존 롤스가 들려주는 정의 이야기』(2008)의 개정증보판입니다.